Markus Lanz

Und plötzlich guckst du bis zum lieben Gott

Die zwei Leben des Horst Lichter

GOLDMANN

Inhalt

Rückzug. Oder: Hühnerbeine im Kloster — 6

Anfänge. Oder: Quarkkur in Bad Kissingen — 24

Aufbau. Oder: Fliegende Höschen und ein Kordsofa — 46

Schönheitswahn. Oder: Sahnetorte und dicke Beine — 56

Hilflos. Oder: Tod eines Babys — 62

Vollgas. Oder: Der italienische Geißbock — 70

Sackgasse. Oder: Hängebauchschweine und Müllermilch Schoko — 78

Exzentriker. Oder: Von Hanteln und Hubschraubern — 90

Zusammenbruch. Oder: Zweimal tot und doch am Leben — 106

Nachdenken. Oder: Da hab ich gar keine Panik drüber! — 128

Rückkehr. Oder: Leberwurst und dicke Sekretärinnen — 140

Tiefpunkt. Oder: Vorübergehend blind — 148

Entscheidung. Oder: Die englische Patientin — 160

Aufbruch. Oder: Käffchen in England — 168

Der Laden. Oder: Ein Klub für Spinner — 174

Beichte. Oder: Neue Liebe und ein Geheimnis — 184

Spot an! Oder: Mit Videorekorder zu Herrn Kniepen — 192

Erfolg. Oder: Wo, zum Teufel, ist Mick Jagger? — 208

Fernsehen. Oder: Die Kraft der Frikadelle — 214

Randbemerkung. Oder: Das persönliche Arschloch — 222

Fazit. Oder: Lichters Villa Kunterbunt — 226

Nachschlag. Oder: Die Rezepte zum Buch — 232

Vorwort

»Könntest du dir vorstellen, mit mir eine Woche ins Kloster zu gehen?« Er konnte. Als ich mich mit Horst Lichter am 12. Februar 2007 in das Kloster Neustift zurückzog, ahnte ich bereits, dass es auch eine intensive Begegnung mit meiner eigenen Vergangenheit werden würde – schön und schmerzhaft zugleich.

Schön, weil ich die alten, dunklen Flure und die hohen Räume mit ihren schweren Kronleuchtern und stuckverzierten Decken seit meiner Kindheit liebe. Es riecht darin so unvergleichlich! Nach altem Holz, nach Weihrauch und Kerzen und nach alten Büchern aus dickem Leder und Pergament. Und dazwischen der leicht säuerliche Geruch der gärenden Trauben aus der Klosterkellerei.

Schmerzhaft, weil ich als Junge von elf Jahren in das Internat des Klosters kam, um es erst fünf Jahre später – nach dem Tod meines Vaters – wieder zu verlassen. Die dicken Mauern kennen viele Geschichten von kleinen, pickeligen Jungs und ihrer Sehnsucht nach zu Hause. Jetzt kennen sie noch eine mehr: die von Horst Lichter, dem Koch aus Rommerskirchen.

Auch er brachte Pickel mit ins Kloster. »Stress«, sagte *er*. Angst, glaube *ich*. Er wusste, dass *seine* Reise in die eigene Vergangenheit noch viel schmerzhafter werden würde als meine. Stundenlang liefen wir durch die Weinberge und den alten Kreuzgang, oder wir saßen einfach nur auf den abgewetzten Steinstufen im Innenhof in der Wintersonne. Über tausend Fragen, die ich ihm gestellt habe, und tausend Fotos, die ich von ihm gemacht habe, wurden wir Freunde. Horst Lichters Geschichte hat mich tief bewegt, und sie hallt in mir nach – bis heute. Ich wünschte mir, es erginge Ihnen beim Lesen meines Buches und beim Betrachten meiner Bilder genauso! Denn Bilder und Buch handeln auch von einer Frage. Und die lautet: Wie viel Horst Lichter steckt in jedem von uns?

Markus Lanz, Köln 2007

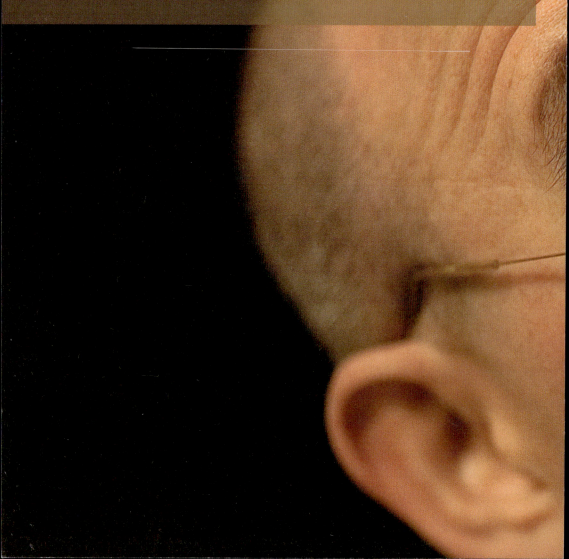

Rückzug
Oder: Hühnerbeine im Kloster

Wer jemals mit eigenen Augen gesehen hat, wie Helmut Kohl ein Restaurant betritt, der weiß:

Es gibt Menschen, die erscheinen in zwei Etappen. Manche Körperteile kommen früher durch die Tür als andere. Bei Kohl ist es der gewaltige Bauch, der zuerst auftritt. Und wenn sich plötzlich ein kapitaler Zinken in deutsche Wohnzimmer schiebt, dann ist wieder »Wetten, dass…?«: An dem Zinken hängt immer ein Gottschalk dran. Die Liste der Promis, die in Einzelteilen begrüßt werden wollen, ist lang: Prinz Charles (die Ohren), Stefan Raab (die Zähne), Dolly Buster (nicht die Zähne).

Bei Horst Lichter ist es ein riesiges Büschel Haare, das zuerst kommt: ein Schnäuzer, eine Rotzbremse, ein Suppensieb, ein Oberlippenbart, ein Oliba. Und zwar einer mit Charakter! Nicht so zickig wie der eines Salvador Dalí, der der Ansicht war: »Ein Mann ohne Schnurrbart ist nicht richtig angezogen.« Nicht so depri wie der eines Heiner Brand, der immer so traurig-zottelig auf halb acht hängt. Nicht so männlich, markant, dreifach gebrannt wie der von Schimanski. Nein, Lichters Oliba, das wird auf den ersten Blick klar, ist mehr. Sensibel ist er und sinnlich,

schmusig, ein bisschen eitel vielleicht, gleichzeitig entschlossen, kompromisslos: das Werk des Schnäuzer-Flüsterers aus dem Rheinland. Fast hat die Wahnsinns-Schnurre etwas Biblisches: Sie feiert jeden Morgen aufs Neue Auferstehung. Zerstört vom ersten Wasserstrahl unter der Dusche, wird sie von ihrem Besitzer mit viel Liebe und noch mehr Haarlack zu neuem Leben erweckt, um wenig später noch schöner und glänzender dazustehen als am Abend zuvor.

Natürlich ist Lichter nicht Jesus und sein Schnäuzer nicht Lazarus. Er hat gar keinen Namen. Und wenn sein Besitzer morgens im Bad vor dem Spiegel steht, um das schlaff herunterhängende Ding wieder in Form zu bringen, dann sieht das nicht heilig aus, sondern eher nach Clint Eastwood und Dirty Harry: Augen zusammenkneifen, zielen, abdrücken. Lichter schießt. Nicht mit einer Knarre, sondern mit seinem Föhn: »Siemens sensation pure«. Es ist das Duell Schnäuzer gegen Schwerkraft: Je bedrohlicher sich die Haare nach unten neigen, desto unerbittlicher wird er. Gnade und Vergebung? Alles Mädchenkram. Er zieht blitzschnell,

und in Nullkommanix hat er schon abgedrückt! Ballert zuerst von schräg unten nach links oben, knöpft sich die rechte Seite vor, um dann, Sekundenbruchteile später, seine schärfste Waffe abzufeuern: »Gard Haarlack ultrastrong«, die blaue Dose. »Hab alles ausprobiert«, knurrt er dann lässig, »gibt nix Besseres«, und sieht dabei aus wie Dirty Horst aus Rommerskirchen. Das Duell gewinnt er immer. Alle anderen im Moment auch.

Er hat so viel Erfolg, dass er ihm manchmal fast unheimlich ist. Sein Restaurant: für anderthalb Jahre ausgebucht. Er spielt Theater, veranstaltet Kabarettabende: tausend zahlende Lichter-Fans jeden Abend.
Großbanken engagieren ihn als Motivationstrainer. Dann zieht er sich ein Spießer-Sakko an, bindet sich eine Spießer-Krawatte um und klemmt eine dieser lustigen Mickey-Mouse-Krawattennadeln dran. Und sieht dabei so leberwurstgrau aus, dass ihm selbst fast schlecht wird. So getarnt lässt er sich als vermeintlich neuer, verhuschter Mitarbeiter in eine Kölner Filiale einschleusen, um sich dann, Tage später, zu outen und all den anderen Leberwurstgrauen die Meinung zu geigen.

Das geht dann so: »He, du mit dem roten Hemd. Wir haben uns vorgestern am Kopierer gesehen (Pause). Wir haben uns gestern in der Kaffeeküche getroffen (Pause). Wir sind uns heute Morgen im Flur begegnet (lange Pause). Und du hast mir noch kein einziges Mal in die Augen geguckt, geschweige denn ›Guten Morgen‹ gesagt. Hömma, bist du eigentlich jeck, oder was?!«

Diese Art der Züchtigung schmerzt ihn selbst am allermeisten; wer Lichter kennt,

weiß das. Zehn Minuten hält er meistens durch, dann kann er nicht mehr und lässt die Maske fallen. »Hömma, musst keine Angst um deinen Job haben«, redet er beruhigend auf sein Opfer ein, dessen hochroter Kopf längst genauso schön leuchtet wie sein knallrotes Neckermann-Hemd, Modell »City mit modischer Brusttasche«. Und dabei klingt er so vertrauenerweckend wie Norbert Blüm und Paul Sahner, der Promi-Dompteur von »Bunte«, zusammen. »Mein Name ist Horrrst Lischter, ich bin Koch aus Rommerskirchen«, erzählt er den fassungslosen Bankern dann – und dass ihm Kohle und Kohle *machen* weit weniger wichtig seien als sein uralter Kohleofen. Er erklärt ihnen, wer in ihrer Filiale die wirklich wichtigen Kunden sind: die kleinen Leute. »Alte Omas und arme Studenten, die brauchen euch. Die mit den dicken Autos und den dicken Konten wollen gar nichts mit euch zu tun haben. Die reden nur mit eurem Boss, vergesst sie! Die kommen nicht an euren Schalter.«

Ein Koch als Motivationstrainer? Eigentlich geht ihm dieses ganze moderne Psycho-Gelaber fürchterlich auf die Nerven. Weil er nicht glauben will, dass es eine Bedienungsanleitung für Menschen gibt. Weil er nicht glauben mag, dass man Menschen triezen, trimmen, tiefer legen kann wie seinen knallroten F 430 Spider. Und weil er es unerträglich findet, wenn ihn einer penetrant anstarrt, weil er mal in einem Powerseminar auf der Schwäbischen Alb gehört hat, dass »… du, der Blickkontakt, du, wahnsinnig wichtig isch, du, verstehsch, du …«. Lichter will nicht glauben, dass Anglotzen wichtig sein soll für die Karriere.

Er nennt es das »Projekt Menschen«. Lichter liebt Menschen. Hat er von seiner Mutter, die er heute noch »Mama« nennt, und die sie im Dorf früher liebevoll-ironisch »Mutter Teresa« riefen. Mutter Teresa hat ihm das mit den Menschen beigebracht, mit ihrer Fürsorge, die ihn manchmal fast erdrückte. »Ich glaube, ich bin dem als Mutter fürchterlich auf den Wecker gegangen«, sagt sie heute. Mit ihren vielen Fragen und den vielen »Schnittchen«, die sie für ihn gemacht hat, mit »Bütterchen« drunter, »Leberwürstchen« drüber und »Käffchen« dazu. Es war das, was Familie ausmacht: ein Füreinander, ein Miteinander – niemals ein Nebeneinander. Wie er es schon sagt: »Menschen!« Er betont jede Silbe einzeln und rückt einem dabei ganz dicht auf die Pelle: »Menschen!« Er kriecht förmlich in sein Gegenüber hinein und schaut ihm dabei tief in die Augen, über die gold-gerahmte Brille hinweg, gerade so, als wolle er verhindern, dass sein wichtigstes Wort von ein paar Brillengläsern aufgehalten wird.

Sein zweitliebstes Wort ist »Geschichten«. Lichter liebt Menschen. Und er liebt die Geschichten, die sie erzählen. Schöne, nostalgische Geschichten von früher, wie sie ihm die alten Leute im Reha-Zentrum erzählt haben. Damals war er 26 und hatte seinen ersten Zusammenbruch gerade hinter sich: Herzversagen mit

Sein zweitliebstes Wort ist Geschichten

starken Durchblutungsstörungen im Gehirn. So schwer, so hundsgemein, dass er eigentlich schon auf dem Weg war, Gurkensuppe im Himmel zu kochen. »Ich musste zuhören, denn sprechen konnte ich ja nicht mehr richtig.« Nur der Geistesgegenwart seiner Frau hat er zu verdanken, dass er überlebte. Lichter war damals gesundheitlich am Ende. Viel schlimmer erschien ihm allerdings etwas anderes: »Ich konnte bis zur Rente gucken. Ich sah mich selbst auf dem Sofa sitzen und hörte mich meine Alte anschreien, wo das Bier bleibt. Diesen Gedanken habe ich irgendwann nicht mehr ertragen.«

Er wurde Lichter so unerträglich, dass er sein Leben radikal auf den Kopf stellte. Über die Zeit danach sagt er heute: »Meine bekloppte Zeit«. Das meint er wörtlich. Viele in Rommerskirchen hielten ihn damals tatsächlich für plemplem. Er zog zu Hause aus. Schwatzte einem heißblütigen Sizilianer einen Laden ab, den Restaurant zu nennen nicht nur der Anstand, sondern auch das Gesundheitsamt verboten. Hauste mit seiner englischen Freundin in einem Verschlag unter dem Dach des Ladens, aus dem sie jeden Morgen über eine halsbrecherische Leiter herunterklettern mussten, um sich im Gästeklo die Zähne zu putzen. Fuhr sie, als sie ihn verließ, in einem ollen Kastenwagen zurück auf die Insel. Holte sie wenig später mit demselben ollen Kastenwagen wieder ab, um sie zu seiner Frau zu machen, obwohl er ahnte, dass sie schon bald seine Ex-Frau sein würde, weil das mit ihnen beiden irgendwie ein trauriges Missverständnis war. Fing an, am Sonntagnachmittag Waffeln für ein paar Kölner Rocker zu backen, die hin und wie-

Das »Projekt Menschen«

der vor seinem Laden anhielten. Und war zum ersten Mal in seinem Leben richtig glücklich. Aus jener Zeit stammt auch die herrliche Geschichte, in der er mit seinem Kumpel Franz nach Las Vegas fliegt, sich mit ihm vor lauter Flugangst so schwer einen zwitschert, dass die beiden irgendwann glauben, der Pilot habe sich verflogen – und in 10 000 Meter Höhe Alarm schlagen.

»Menschen haben zwei Leben: eines, das sie träumen. Und ein anderes, das sie ins Grab bringt«, schrieb der portugiesische Dichter Fernando Pessoa. Lichter macht es umgekehrt: Er lebt seinen Traum und hat damit Erfolg.

Das »Projekt Menschen« läuft und läuft – neuerdings auch im Fernsehen. Bis zu drei Millionen Zuschauer schalten ein, wenn Lichter bei Johannes B. Kerner den Koch-Anarcho gibt, zwischen Johann Lafer, Tim Mälzer, Alfons Schuhbeck. Ihn dabei zu beobachten, ist faszinierend – in mehrfacher Hinsicht. Er kalauert sich nicht nur gnadenlos durch die Sendung (Lafer: »Wieso heißt der eigentlich Schellfisch?« Lichter: »Vielleicht, weil er schellt, wenn er aus dem Wasser will …«) und nennt ältere Damen galant »Gnä' Frau«; nein, er macht sich auch absichtlich klein zwischen all den Großen, zwischen all den Stars mit den Sternen. »Der hat einen wahnsinnigen Respekt vor denen«, sagt Johannes B. Kerner. »Wenn der Lafer mal wieder zaubert, dann schnalzt der mit der Zunge!« Bisweilen entsteht der absurde Eindruck, im Fernsehen müssten sogar seine Kartoffeln kleine Brötchen backen – bloß nicht auffallen! Er nennt sie dann »Kartöffelchen« und schält dazu seine »Möhrchen«. Mama Lichter ärgert das kolossal! »Unser Horsti kann doch was«, schimpft sie dann, »der muss sich doch nicht verstecken! Manchmal könnte ich vor Wut die Fernbedienung in die Glotze werfen!« Mutter Teresa auf Abwegen. Und auch dafür, dass er sich noch keinen Stern er-

kocht hat, hat sie eine Lösung: »In seinem Laden ist Horsti der Stern«, sagt sie dann milde. Dabei weiß sie ganz genau, welche Rolle der Sohn zwischen all den Lafers, Schuhbecks und Mälzers spielt. Fragt sie einer, ob ihr Horsti mehr Koch oder mehr Komiker sei, dann kommt es wie aus der Pistole geschossen: »Komiker. Einwandfrei.« Lichter weiß um seine Narrenfreiheit. Und er setzt sie auf fast schon geniale Weise ein. Neulich kam er an mit Gurkensuppe. Gurkensuppe! Mit Sterneköchen! Er hat instinktiv begriffen, dass es genau diese Überraschungsmomente sind, von denen Fernsehen lebt. Heute mehr denn je. In einer Zeit, in der sich Protagonisten wie Programme immer ähnlicher werden, weil alle zu den gleichen Zutaten greifen, kann die Chance mitunter in einer Gurke liegen. Das spüren auch die Zuschauer. In ihrer Welt gibt es deutlich mehr Gurken als Gour-

mets, und Lichter gibt ihnen das gute Gefühl, dass irgendwie auch Gurken Glanz besitzen. Und während andere Spitzenköche immer höhere Türmchen auf die Teller ihrer Gäste bauen, zertrümmert er die abgehobene Michelin- und Gault-Millau-Welt mit einer Salatgurke. Darüber, dass sich keiner aus der Sterne-Abteilung hinterher über seine Gurkensuppe zu meckern traute, feixt er sich heute noch einen: »Der Johann fand meine Gurkensuppe exzellent. Er meinte nur, schade, dass sie der falsche Koch gekocht hat.« Und Schuhbeck gab ihm den Tipp, sie umzubenennen. »Gurkensuppe klingt einfach zu vulgär«, fand er. »So was wie ›potage aux concombres‹ – das wär doch was!« In der Welt eines Ausnahmekönners wie Alfons Schuhbeck mag das so sein, in Lichters »Oldiethek« in Rommerskirchen wäre es das Ende.

Lichter weiß das und kokettiert damit bei jeder Gelegenheit. Deshalb darf er auch, was sich sonst nur Restaurantkritiker trauen: Spitzenköche in die Pfanne hauen. Das liegt nicht nur daran, dass er Kerners Klassenkasper ist. Wie kein anderer ist Horst Lichter in der Lage, blitzschnell auf Horst Schlämmer umzuschalten, um dann dem Kollegen vom anderen Michelin-Stern Sätze zu sagen wie: »Schääätzelein, mir han disch alle lieb. Aber dein Chili schmeckt wirklich scheiße …« Übel nimmt ihm das keiner. Zumindest nicht offiziell. Zum Galaabend der 100 besten deutschen Köche in Berlin haben sie ihn trotzdem nicht eingeladen.

»Passt auch nicht«, brummt Lichter, wenn man ihn darauf anspricht. Und vielleicht ist genau das sein Erfolgsgeheimnis: dass bei ihm *nichts* passt. Dass er erst Gurkensuppe kocht – und sich dann überlegt, wie das überhaupt zusammengeht. Dass er erst Ferrari fährt – und sich dann überlegt, ob er ihn eigentlich bezahlen kann. Dass er erst ein Restaurant in einem 1000-Seelen-Kaff eröffnet – und sich dann überlegt, woher eigentlich seine Kunden kommen sollen. Dass er erst lebt – und sich dann überlegt, welche Risiken und Nebenwirkungen Leben mit sich bringt. »Kochen kannste aus dem Bauch raus, beim Backen musst du dich ganz genau an das Rezept halten«, sagt Lichter gerne, und es ist klar, was er damit meint: Er ist kein Bäcker. Kein Sich-ans-Rezept-Halter. Kein Geschenkpapier-exakt-Zusammenleger. Kein Socken-penibel-Falter. Kein Schonbezügler, der sich und anderen nichts zutraut. Er bringt zusammen, was nach gängigen Maßstäben nicht zusammenpasst. Lichter ist eine wandelnde Unmöglichkeit, die nach dem Pippi-Langstrumpf-Prinzip lebt: Ich mach mir die Welt, wie sie mir gefällt. Widdewiddewitt. Er mischt und mixt, ohne Rücksicht auf Befindlichkeiten, was ihm gefällt: Gurken mit Suppen, Ex-Freundinnen mit Heiratsanträgen, Kerner, Kochen, Karohosen, Lichter würfelt alles wild durcheinander: Lebens*mittel* und Lebens*umstände*.

Er mischt auch Wörter, die einfach nicht zusammengehören. Zum Beispiel »Scheiße« und »geil«. Weshalb er Sätze sagt wie: »Scheiße, Alter, ist das geil hier!« Der entfährt ihm, als er zum ersten Mal die gewaltige Klosteranlage erblickt, in die wir uns zurückziehen wollen: das Kloster Neustift, tief drin in den Südtiroler Bergen, tausend Jahre Glanz und Gloria und Irrungen und Wirrungen. Nur noch elf Augustiner Chorherren leben, beten, arbeiten hier, gehören zu dieser verschworenen Gemeinschaft hinter dicken Mauern, durchaus weltoffen, obwohl es weltfremd aussieht, getrieben von immer neuen Verwerfungen draußen vor dem Klostertor. Es ist ihre größte Herausforderung: sich neu zu definieren, sich zu konzentrieren auf das, was sie im In-

nersten ausmacht. Was schwer ist in einer Welt, deren größtes Problem lautet: zu viele Möglichkeiten. Bis jetzt hat der alte Klostergeist stets über den Zeitgeist obsiegt. Doch der lauert. Es ist Februar und kalt, Nebel steigt auf, oben auf den Bergen hat es in der Nacht geschneit.

»Haben Sie nicht am Samstag Hühnerbeine gekocht?« Aus dem Halbdunkel des alten Kreuzgangs löst sich eine Gestalt, ganz in Schwarz gehüllt, nur auf Höhe

der Brust schimmert es golden: ein Kreuz, schwer, groß wie eine ganze Männerhand. Der Mann, um dessen Hals es hängt, irritiert. Trotz des Prunkstücks, trotz der Aura des Mächtigen, die ihn unzweifelhaft umweht, wirkt er dennoch anders. Nicht einen Moment lang erscheint das prachtvolle Kreuz an ihm wie eine Insignie der Macht, die er demonstrativ vor sich herträgt. Liegt es an seinem unerwartet offenen Wesen? Oder vielleicht nur an dem leicht seitwärts geneigten Kopf? Das verrät ihn: Viele Priester machen das so. Manche Ärzte und Psycholo-

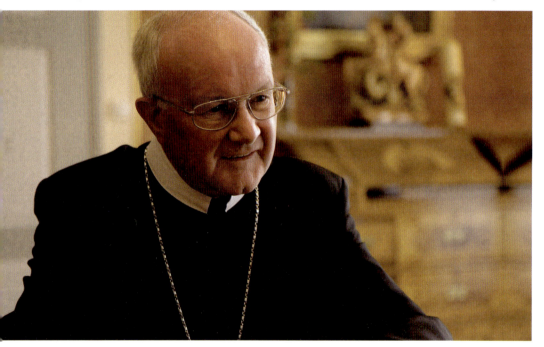

gen auch. Weil es Demut demonstrieren soll? Vielleicht. Vor allem aber geht es ihnen wohl um Vertrauen, um das sie beim Gegenüber werben wollen. Der geneigte Kopf signalisiert die Abwesenheit von Aggression, stattdessen: Zuwendung, Mit-Leiden.

Der freundliche, ältere Herr ist Prälat Georg Untergaßmair, emeritierter Theologie-Professor der Universität Osnabrück, jetzt Vorsteher des Klosters, Fachgebiet:

Bibelforschung. Doch wie sich jetzt heraustellt, hat er noch eines: Kochsendungen im ZDF. Herzliche Begrüßung, der Abt kennt Lichter, mag ihn offenkundig, lädt ihn wenig später sogar zum Mittagessen in dem Konvent ein, jenen Teil des Klosters, in dem Frauen keinen Zutritt haben. Wo immer auch Lichter in den nächsten Tagen auf Klosterbewohner treffen wird, es passiert immer wieder das Gleiche: Er bringt Menschen zum Lachen und die Klosterköche mit Gurkensuppe zum Staunen. Er packt sie da, wo in seinen Augen die wichtigsten Nervenbahnen verlaufen, nämlich im Bauch, und dabei umfährt er das Großhirn so weiträumig, als sei der Weg dahin gerade so unpassierbar wie die A3 Frankfurt – Köln während einer Vollsperrung.

Anfänge
Oder: Quarkkur in Bad Kissingen

> »Ich bin wie ein altes Haus: bemitleidenswerter Zustand, aber voller Geschichten.«

Wenn Lichter solche Sätze sagt, dann ist das eigentlich Spannende daran zu hören, *wie* er sie sagt: Während er die zweite Hälfte spricht, hat er die erste schon vergessen. Weil es nur die zweite ist, die für ihn zählt. Er hält sich nämlich nicht für bemitleidenswert, das tun höchstens die anderen. Weil sie sich beim besten Willen nicht vorstellen können, dass einer zweimal in zwei Jahren fast tot ist und trotzdem so leichtfüßig durchs Leben schwebt. Weil sie nicht glauben können, dass er heute vermutlich viel gesünder ist als damals, obwohl er mehr raucht, als ihm guttut, mehr isst, als ihm guttut, und mehr lebt, als ihm guttut.

Ja, er nimmt gerade eine Überdosis, einen Riesenschluck aus der Pulle, auf der »Horstis Leben« draufsteht. Es ist sein Jahrgang: 1990, das Jahr, in dem er sein Leben aus der Schräglage in eine sonnenverwöhnte Hanglage gebracht hat, seine ganz persönliche »riserva«, und zwar eine eiserne »riserva«, diese phänomenale Zugabe, die ihm der liebe Gott nach seinem zweiten schweren Zusammenbruch gewährt hat.

Damals fing es an, mit seinem verrückten Laden, mit seinen karierten Hosen,

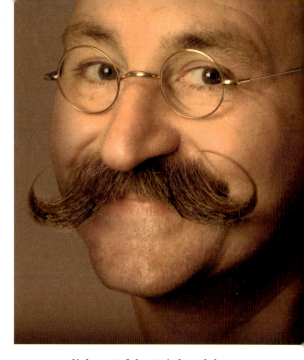

mit seinen schrägen Auftritten, mit seinem erstaunlichen Erfolg. Seitdem lebt er sein Erste-Sahne-Leben: »Der genießt wie kein anderer, den ich kenne«, sagt Ralf Zacherl, sein prominenter Kochfreund. Und wenn Johannes B. Kerner ihn anfrotzelt: »Na, kochst du uns heute wieder ein leichtes Butter-Sahne-Süppchen?«, dann lässt er sich damit, ohne es zu ahnen, gleichsam Lichters Lebenskunst auf der Zunge zergehen. Genauso wie der Verleger seiner Kochbücher, der bei Durchsicht von Lichters Rezepten schon mal irritiert zum Telefon greift und bei Kerners Redaktion in Hamburg nachfragt, ob es denn wirklich sein könne, dass in Lichters Karottensuppe anderthalb Liter Sahne reinkämen. Aber sischer dat! Lichter zählt keine Kalorien mehr, im Leben nicht! Er ist angekommen »on the sahne side of life«.

Als Horst Lichter am 15. Januar 1962 in Nettesheim zur Welt kommt, hat Deutschland gerade Blähungen. Fresswelle. Zu viel Fett. Fette Jahre, fettes Essen, es mieft und müffelt. Adenauer ist noch *immer* da, das Wirtschaftswunder ist gerade *noch* da, und das blaue Wunder – nämlich endlich wieder blauer Himmel über Rhein

und Ruhr – ist noch immer *nicht* da. Die Währung heißt Kohle, der Preis ist ein unglaublicher Dreck, in der Luft, im Wasser und sogar auf der Wäsche, die in den piefigen Vorgärten zum Trocknen hängt.

In Rommerskirchen kommt noch das Blei dazu. Das weht herüber aus der Fabrik, in der sie Altmetall verwerten, und legt sich über die Gärten, vergiftet das Obst, das Gemüse. Es ist eine richtige Bleischleuder, die Jahre später immer wieder durch die Presse gehen wird. Und während draußen in der Welt Sean Connery seinen ersten kernigen Auftritt als James Bond hat und Dr. No zur Strecke bringt, reitet in Deutschland zum ersten Mal Pierre Brice als Winnetou über die Leinwände und durch die Prärie, und dabei flattert das splissfreie Apachenhaar so schön im Wind, dass ein gewisser Thomas Anders Jahrzehnte später auf die verhängnisvolle Idee kommen wird, die alten Winnetou-Zottel bei seinen Auftritten mit Modern Talking aufzutragen. Oder so ähnlich.

Im Garten der Lichters ist die Welt zu dieser Zeit noch in Ordnung. Die Familie ist inzwischen nach Gill in der Gemeinde Rommerskirchen gezogen, einen 1000-Seelen-Ort zwischen Köln und Düsseldorf, eine der so genannten Nebenerwerbssiedlungen, von denen es zu der Zeit in Deutschland Tausende gibt. Nach dem Krieg gebaut, gehört zu jedem Haus ein ausladender Garten, und wer

Das Karnickel ist das Schwein des kleinen Mannes

sich's leisten kann, hat einen kleinen Schweinestall. Der Rest züchtet Kaninchen, auch die Lichters. Das Karnickel ist das Schwein des kleinen Mannes. Der Vater züchtet wie besessen, irgendwann hat er mehr als 200 dieser Kaninchenschweine. Und jedes Mal, wenn sich klein Horsti ganz sicher ist, dass mal wieder eines fehlt, sagt Papa: »Nein, die werfen nur das Fell ab und kriegen ein neues.« Einmal will der Kleine wissen, was denn mit seinem Lieblingskarnickel, dem Belgischen Riesen passiert sei, weil nämlich statt des *großen* Belgischen Riesen plötzlich nur noch ein *kleiner* Belgischer Riese im Stall sitzt: »Mach dir keine Sorgen, mein Junge, die verlieren im Winter stark an Gewicht.«

Mutter Lichter kocht – was das Zeug hält: kleiner Belgischer Riese an brauner Soße, großer Belgischer Riese an noch mehr brauner Soße, dazu »Böhnchen«, »Kartöffelchen«, »Möhrchen«. Und was nicht bei drei auf dem Bäumchen ist, wird gnadenlos eingekocht: »Äpfelchen«, »Birnchen«, »Pfläumchen«. Kleinkleckersdorf ist damals überall, auch im Rheinland. »Mama war eine geniale Köchin. Wir hatten immer mehr Kinder am Tisch, als sie geboren hatte. Und als ich viele Jahre später meinen ersten Fernsehauftritt hatte, hab ich sie nach ein paar Rezepten von früher gefragt: nach dem leckeren Schweinebraten mit der mittelbraunen Soße. Nach diesem herrlichen Rinderbraten mit der dunkelbraunen Soße, dazu Nüdelchen, die man dann so in der Soße matscht, weißt du? Und nicht so'n dünner Bohnensalat, sondern ein ganzer Berg voller Bohnensalat. Und Weihnachten dann der Rehrücken! Auch wieder mit dieser dunklen Soße, Knödelchen dabei. Und dann hat man die Knödelchen so halbiert, ne halbe Knödel auf die Gabel, frischen Rotkohl obendrauf, Sößchen drüber, noch ein Stückchen von dem Rehrücken und dann alles zusammen in den Mund geschoben, dass der nicht mehr auf- und zuging. Der ganze Mund voller Knödel! Und dann hat sich das langsam zersetzt und du dachtest nur: Oooooooooooohhhh ... Und ich hab gesagt: ›Mama, die Rezepte brauch ich! Ich brauch den Schweinebraten, den Rinderbraten und den Rehrücken.‹ Daraufhin nimmt mich Mama zur Seite und sagt: ›Horst, hast du's nie gemerkt?‹ Ich sach: ›Wat?‹ Und sie: ›Es war alles nur Kaninchen ...‹«

Vielleicht sind es die französischen Wurzeln, die aus ihm einen solchen Genussmenschen gemacht haben. Je tiefer es reingeht in die Eifel, je näher Frankreich rückt, desto öfter taucht der Name »Lichter« auf. Die Großeltern waren mindestens gefühlte Franzosen. »Also, wenn ich ein Baguette trage, das steht mir«, sagt er und streift damit eine Facette von den vielen, die sein Anderssein, sein Gegen-den-Strom-Schwimmen ausmachen.

»Rumtata und Blasmusik, das ist einfach nix für unser Horst«, erkennt die Mutter schon früh. Und

alles, was da noch so dranhängt, auch nicht. »Ich beneide jeden, der acht Stunden zur Arbeit geht und darauf hinarbeitet, möglichst schnell nach Hause zu kommen, um die 16 verbleibenden Stunden des Tages mit den Menschen zu leben, die er liebt. Und wenn jemand gerne mit Jägeranzug und Holzgewehr im Schützenverein marschiert, dann ist das für den sehr schön – aber leider nicht für mich. Ich konnte mir das nie vorstellen. Ich wär immer lieber mit dem Moped mitgefahren, aber das durfte ich nicht. Weil: Mit'm Jägeranzug und Holzgewehr auf'm Moped sieht einfach scheiße aus!« Es ist typisch für ihn, dass er selbst daraus einen Gag für seine Kabarettabende macht. Aus jeder Krise noch was rausholen: Das ist Lichters größte Qualität. Denn eigentlich gibt's im Rommerskirchen der 60er-Jahre nichts zu lachen. Die Männer gehen auf Schicht im Tagebau, viel Kohle gibt gut Schotter, das ist die Überlebensformel, und als die Gewerkschaften Ende 1962 zum ersten Mal 15 Tage Jahresurlaub erstreiten, stellt sich auch in Rommerskirchen ein verschämtes Gefühl von Zufriedenheit und Wohlstand ein, wenn auch nur bei wenigen Privilegierten. Die Lichters gehören nicht dazu. Der Vater malocht fast rund um die Uhr, die Mutter versorgt die beiden Jungs. »Unser Horst war immer so schrecklich dürr!«, sagt sie. »Unser Horst.« Das sagt sie immer, wenn sie von ihrem Ältesten spricht, und zwar ganz egal, in welchem Fall sie gerade unterwegs ist – im Zweifel auch im Dativ: »Ich hab immer schon zu unser Horst gesagt, rauch nicht so viel!« Und sie betreut die Schwiegereltern, die eine Etage über ihnen wohnen und so viel Pflege brauchen, dass sie heute sagt: »Mein Mann und ich haben uns dabei so verausgabt, dass wir oft kaum noch Zeit für die Kinder hatten. Das tut mir heute unheimlich leid.«

Der kleine Horst ist zu dieser Zeit pausenlos auf Weltreise. Natürlich haben sie kein Geld, um *wirklich* zu verreisen. Er reist im Kopf. Fängt an, fast manisch Bücher und Zeitungen zu sammeln, die meisten hat er noch heute. Wie viele genau?

Keine Ahnung. Als er sie irgendwann nicht mehr zählen konnte, hat er sie mal gewogen: 30 Tonnen. Alle fein säuberlich gestapelt und gehortet in seinem Laden. Für die meisten ist es nur ein gigantischer Haufen Altpapier, für ihn das günstigste Around-the-world-Ticket der Welt: »Ich habe die Bücher gelesen und damit die ganze Welt bereist, Menschen kennen gelernt. Ich habe Auto- und Motorradzei-

tungen gesammelt. Und wenn du das Ding zweimal gelesen hattest, dann warst du so was von überzeugt davon, dass du selbst gefahren bist!« Er hat alle Bücher von Kishon, Loriot. Er liebt das Spiel mit Wörtern. Und er hasst es, wenn sie beim Gegenüber nicht vorgelassen werden: »Wer nicht zuhört, der hat auch nichts zu erzählen.« Er liest und reist und liest und reist, immer wieder die gleiche Strecke: Rommerskirchen – Rommerskirchen. Und dazwischen die ganze Welt.

Nur einmal darf er wirklich weg. Er ist sechs und so furchtbar dünn und blass, dass etwas passieren muss. Da schicken sie ihn nach Bad Kissingen. Auf Quarkkur! Kein Witz. Sechs Wochen Quarkkur in Bad Kissingen. Ungefähr so sexy wie eine Tagung der Hochwasserbeauftragten des Main-Taunus-Kreises. Fast bis zum Erbrechen haben sie ihm die weiße Pampe damals reingestopft. Zugenommen hat er trotzdem nicht, nur ein schweres Quark-Trauma davongetragen: »Wenn ich Quark nur rieche, wird mir heute noch schlecht!«

Wenn er an Herrn Fichte denkt, auch. Das ist der mit den Kopfnüssen. Sein Mathelehrer, einer von vielen, weil sie ständig wechseln, und eine autoritäre Knallcharge. Herr Fichte verteilt nicht nur knallharte Zensuren, sondern auch Kopfnüsse. »Der hat die Hefte nach Noten sortiert: Die guten lagen oben, nach dem dritten war ich den Tränen nah, weil ich wusste, es wird schon wieder nix mit einer guten Zensur. Ich war eigentlich immer nur Mittelmaß, nirgendwo besonders gut, außer in Kunst und Religion – Kacke!«

Dabei hat er gar nichts gegen Kunst und Religion, im Gegenteil. Nein, was Lichter anwidert, ist das Mittelmaß. Seine Welt von damals, tief in der rheinischen Provinz, ist ein Paradebeispiel dafür. Es sind die schrecklich schönen 60er-Jahre: Erst grau und mau, dann bunt und schrill, auf die Fresswelle folgt die Sexwelle, alles zieht sich aus, und ausgerechnet die halbnackten Studenten sind es, die die entsetzten Spießer mit einer neuen Wahrheit konfrontieren: Ihr seid doch selbst nackt! So nackt wie der Kaiser nämlich, der geglaubt hatte, er würde neue Kleider tragen. Das satte Wirtschaftswunder-Bürgertum der 50er droht von innen zu verfaulen, und seine bigotte Prüderie fliegt ihm endgültig um die Ohren.

Nein, es war nicht alles besser früher

Nichts von alledem in Rommerskirchen. Dort leben sie weder schrill noch laut, sondern gar nicht. Es wird nicht richtig gelebt – es wird noch nicht mal richtig geklaut! Stattdessen wird geguckt – und zwar aus dem Fenster. »Als ich ins Dorf kam, brauchte man weder eine Überwachungskamera noch einen Hund. Den Nachbarn entging nichts! Was praktisch war, denn wir mussten unser Haus erst gar nicht abschließen. Keiner hätte es geschafft, unbeobachtet dort einzusteigen und zu klauen«, erinnert sich Gertrud Schilke, eine Münchener Ärztin, die die Hippie-Revolte da erlebt hat, wo die Hippies noch ein bisschen hipper waren als im Rest der Republik – nämlich mitten in Schwabing. Dass es ausgerechnet sie, die mondäne Kunstsammlerin, die genauso wie Lichter alles liebt, was möglichst alt und schräg ist, nach Rommerskirchen verschlägt, ist eine seltsam glückliche Fügung: Der Paradiesvogel ist fortan nicht mehr allein. Dr. Gertrud Schilke wird es sein, die ihren Patienten Horst Lichter Jahre später auf dramatische Art und Weise ins Leben zurückholt.

Nein, es war nicht alles besser früher. Die Wahrheit im Fall Lichter ist: Es war einfach nur früher. »Mein Onkel wohnte über uns, und wenn er angetrunken war, dann hat er seine Kinder schon mal mit dem Stock erzogen. Das hast du als Kind alles mitbekommen – nicht schön.« Stockkonservativ sind sie in der Gegend, »so gar nicht dieser leichte, rheinische Schlag«, sagt Schilke. Und es dürfte kaum Zufall sein, dass es die CDU ist, die in Rommerskirchen ab Mitte der 70er-Jahre für mehr als zwei Jahrzehnte den Bürgermeister stellt – in einer Zeit, in der nur wenige Kilometer weiter, in Köln, alles fest in Sozi-Hand ist. »Erst die Leute aus dem Osten, die nach der Wende kamen, haben da ein bisschen mehr Leben reingebracht. Vor allem die Kinder hatten sehr wenig Freiräume.« Einmal erlebt die Dorfärztin, wie vor ihren Augen eine erwachsene Frau geohrfeigt wird – von der eigenen Mutter. »Sie war schon um die 30 und hatte Schwierigkeiten mit dem Vater ihres Kindes. Als sie sich von ihm trennte, bestimmten ihre Eltern, dass die Kleine bei den Großeltern aufwachsen sollte. Die junge Mutter hat sich verzweifelt dagegen gewehrt, doch dieses Aufbegehren durfte einfach nicht sein. Am Ende verlor sie den Kampf, die Kleine kam zu Oma und Opa.«

Lichters Vater Toni geht zu der Zeit Tag für Tag »in die Braunkohle«, wie sie sagen, Schichtdienst im größten Braunkohlerevier Europas. Sitzt unten in den Kohlebunkern, wo die Rohkohle angeliefert, vorgemahlen, getrocknet oder zu Briketts verarbeitet wird, und schuftet nebenbei auf dem Bau. Er ist, wie Roger Cicero einen echten Kerl besingt:
»Ein Schrauber, ein Dreher, ein Ganz-früh-Aufsteher,
ein Helfer, ein Heiler, im Grunde ein Geiler.«

Ein zu Geiler, wie sein Sohn Horst findet: »Es gibt in jeder Familie einen, der wird als Haustrottel benutzt. Weil er zu gutmütig ist. Mein Vater war so einer. Der wurde richtig verarscht! Der hat zu Hause bei seinen Eltern noch sein Geld abgegeben, als er schon längst mit meiner Mutter zusammen war.«

Als ihnen der Vater unter dem alten Nussbaum einen Sandkasten aus schönen, alten Kalksandsteinen baut, verbringen die Jungs jede freie Minute dort. »Einmal spielte ich mit den Nachbarskindern und merkte ganz genau: Ich muss dringend aufs Klo. Aber ich hatte keine Zeit – war doch so spannend! Also hab ich in die Hose gekackt. Dann hab ich noch ein paar Minuten weitergespielt, danach wurde es sehr unangenehm. Mama war einkaufen, und das war gut so, denn ich wusste, wenn die das mitkriegt, dann gibt's was hinter die Ohren. Also bin ich zu Papa gewackelt, und ich kann mich seltsamerweise bis heute daran erinnern, wie ich auf dem Tisch liege, mein Papa mir die Hosen sauber macht, und ich sage: ›Aber nicht Mama sagen!‹ Er hat mich nie geschlagen, nur einmal muss ich ihn so geärgert haben, dass er mir mit dem Besen nachlief. Er hat mich nicht gekriegt. Heute ist mir klar: Der wollte mich gar nicht kriegen. Meine Mutter hat mir dagegen öfter mal den Hosenboden stramm gezogen, sie war einfach sehr viel strenger.«

In der Küche kriegt er als kleiner Junge Gespräche mit, die er nie wieder vergisst. »Einmal hatte Papa Weihnachtsgeld bekommen und Mama sagte: ›Mein Gott, Toni, stell dir mal vor, wir hätten jeden Monat tausend Mark. Mein Gott, wir könnten so schön leben!‹« Natürlich verwaltet sie die sauer verdienten Mark, sie ist es, die den Lichter-Clan zusammenhält. Von ihr hat er den Biss. »Papa hat malocht rund um die Uhr, Mama hat malocht rund um die Uhr, und klein Horsti war der, der sie zum Lachen bringen musste als Belohnung dafür, dass sie so hart arbeiten mussten. Insofern ist mein Humor nichts anderes als das, was so passiert ist über die Jahrzehnte.«

Irgendwie passiert ist ihm dabei auch die Liebe zu allem, was alt ist. »Ich hatte von Kindheit an lieber altes Spielzeug als neues. Und wenn ich was Neues bekam, dann hab ich das erst mal umgebaut.« Umbauen! Da ist Horst wie Toni: ein Schrauber, ein Dreher. »Mein Vater ging nebenbei arbeiten, weil er wollte, dass das erste Fahrrad seines Jungen neu ist. Wir hatten ja sonst immer nur alte Scheiße! Mein Papa geht also zu ›Eisenwaren Düffren‹ und kauft mir mein erstes Fahrrad, funkelnagelneu, mit Spiegelchen, mit allem Drum und Dran. Und was macht klein Horsti? Fährt weg, tauscht das teure Fahrrad mit dem eines kleinen Mädchens bei uns auf der Straße! Gegen ein uraltes Dingens, keine Lampen, dafür dicke Ballonräder, Rahmen, Lenker, Sattel, Ende. Horsti findet diesen alten Klepper so toll, dass er stolz wie Oskar nach Hause fährt: ›Mama, Papa, guckt mal, ich hab ein neues Fahrrad!‹ Ich hab damals beim besten Willen nicht verstanden, warum plötzlich alle heulten: Meine Eltern heulten, weil ich sie so enttäuscht hatte. Ich heulte, weil meine Eltern heulten. Und das kleine Mädchen heulte, weil es das neue Fahrrad wieder abgeben musste. Die Geschichte ging dann so aus, dass ich an meinem neuen

Fahrrad einfach alles abgebaut habe, was irgendwie neu aussah.« Als er Jahre später ein anderes bekommt, läuft er als Erstes zum Schrottplatz, holt sich von einem verrosteten Mofa den alten Tank samt Lenker und schraubt sich das Zeug ans neue Fahrrad: »Und plötzlich hatte ich das Gefühl: Mensch, jetzt fährste Moped!«

Überhaupt: Mopeds! Das erste schenkt ihm sein Vater. »So'n hässliches Teil mit Tank unterm Sitz, mit dem Papa schon zehn Jahre zur Arbeit gefahren war.« Also holt er sich einen alten Tank vom Schrott, bindet ihn vorne dran, funktioniert natürlich nicht, aber:»Sah hammermäßig aus! Und weil ich unbedingt Packtaschen haben wollte wie eine echte Harley Davidson, hab ich mir zwei Persil-Eimer besorgt, hab sie mit Dezifix ans Mofa geklebt und mir dazu aus Mamas Küchenfolie und einem Stück Draht eine ›Original-Harley-Frontscheibe‹ gebastelt. Konntste zwar nicht durchgucken, sah für mich aber aus wie eine echte Harley!« So fährt er dann los: vorne die Küchenfolie, dahinter der kaputte Tank, hinten die zwei Persilkoffer. Das geht so lange gut, bis das nächste Tiefdruckgebiet die Kölner Bucht erreicht: Im lauwarmen Sprühregen schäumen die Persilkoffer hinten plötzlich wie ein Whirlpool mit Blähungen und alles löst sich in seine Bestandteile auf – Nackenschlag durch Niederschlag.

Überhaupt: Mopeds!

Nicht der erste. Der kommt mit 12. Er beginnt gerade zaghaft zu pubertieren, als er bei einem missglückten Trampolinsprung im Turnunterricht krachend auf dem Hallenboden landet und – ohne es zu ahnen – in die erste große Krise seines Lebens schlittert. »Alle Jungs in der Klasse konnten einen Salto. Ich dachte, Alter, du musst Eindruck machen, das kannst du auch.« Er nimmt diesen langen Anlauf, die anderen schreien schon, weil er viel zu schnell wird. Springt hoch, viel zu hoch. Schafft die eine Hälfte der Drehung, vergisst die andere. Landung. Donnert mit dem Schädel auf den harten Boden. »Ich hörte ein lautes Knacken.« Es ist der Brustwirbel, der in diesem Moment bricht. »Ich kriegte keine Luft mehr, trommelte mit den Fäusten auf den Boden, und als ich wieder wach wurde, saß Herr Masur, der Klassenlehrer, auf mir und pumpte Luft in mich hinein.«
Fast ein ganzes Jahr liegt er danach im Krankenhaus, lebendig begraben, denn die Ärzte haben ihn einbetoniert vom Nacken bis zur Hüfte. Vor allem die Nächte in dem Gipsbett sind ein Graus, weil es kaum möglich ist, in dem harten Ding zu

schlafen. Monatelang können die Ärzte den Eltern nicht sagen, ob der Sohn je wieder laufen wird. Nur er glaubt fest daran und hat längst ganz andere Sorgen. Eine davon lautet: Die Liebe ist ein Zeitvertreib, man nimmt dazu den Unterleib. Hormone, überall! Und in Horstis Adern fahren sie gerade Amok. »Ich hatte ja Nöte!« Stimmt. Denn im Gegensatz zu Horst Schlämmer hat er nicht nur Rücken. Er hat auch Frust. Und Pubertät hat er auch noch! »Das Schlimmste war: Wie gehste bloß aufs Klo? Jedesmal, wenn ich musste, kamen diese jungen Schwestern und hoben mich hoch, auf so ne Pfanne – und dann konnte ich nicht mehr. Beim Pieseln war's noch schlimmer: Da kamen die Mädels und wollten den kleinen Horst in eine Flasche packen. Das war unglaublich peinlich! Denn der kleine Horst wollte Spaß haben, und man kann so ne Flasche ja schlecht hochkant stellen …«

Die Liebe seiner Eltern trägt ihn über all das hinweg. »Die kamen jeden Tag angefahren, mit dem Bus, manchmal sogar zweimal, dreimal.« Und obwohl sie zu Hause nur eine alte Schwarzweißkiste haben, schenken sie ihm fürs Krankenzimmer einen kleinen Farbfernseher – was Buntes gegen zu viel Krankenhausgrau. Es ist das Jahr der Fußball-Weltmeisterschaft, 1974, und das damals noch junge Farbfernsehen feiert seinen großen Durchbruch. Alles trifft sich in Horstis Zimmer: »Die kamen immer alle zu mir. Mussten sie auch, ich konnte ja schlecht weg.« Als er nach 10 Monaten endlich Gipsbett, Krankenhaus und unzählige Pipi-Dramen hinter sich gebracht hat, ist er ein richtiger Moppel: 80 Kilo! »Ich war unfassbar fett.«

Steckt er weg. Lässig. Nimmt wieder ab und wird langsam, aber sicher einer dieser Typen, dem die Mädels fast in Scharen hinterherlaufen. Weil er sie zum Lachen bringt. »Die mochten unser Horst«, sagt die Mutter. »Manchmal hat er drei auf einmal mit nach Hause gebracht, und wir sollten dann entscheiden, welche wiederkommen durfte.« Fast so, als handelte es sich um ein Casting bei »Deutschland sucht den Superstar«, und Dieter Bohlen krähte dazwischen: »Allltäääär, du bis' im Riiicall!« Im Hause Lichter heißt die Show »Horsti sucht die Supermaus«, und wer dabei den Dieter spielt, ist klar. Das Kommunikative, das Ich-laber-dir-ein-Ohr-weg-Gen, hat er von seiner Mutter. Der Vater spricht nur das Nötigste, »nur die lieben Dinge, und dann war gut«. Dafür bemüht sich die Mutter umso mehr, den Söhnen anständiges Hochdeutsch beizubringen. »Hört man heute gar nicht mehr«, grinst er. »Mama versteht bis heute nicht, warum ich so komisch spreche. Liegt an meiner Zeit in der Braunkohle, da kannst du nicht so schlau daherreden. Nur wenn ich richtig böse bin, dann verfalle ich zurück in ein exzellentes Hochdeutsch. Wer das hören will, der muss mich nur lang genug ärgern.« Lichter ohrfeigt mit Worten.

Und er tröstet sich mit ihnen: »Ich habe immer viel gelesen und wusste, da gibt es noch eine andere Welt, mit anderen Menschen, nur: Von denen kannte ich keinen. Ich hatte nur so kleine Vorbilder. Eines davon war Knebecks Peter, der Nachbarjunge. Der war zwei Jahre älter und hatte die Mopeds, die ich immer haben wollte, supercool. Aber es gab keinen, an dem du so richtig hochgucken konntest, die waren nur in den Büchern. Ich kam aus der Kacke einfach nicht raus.«

Das ändert sich schlagartig, als er zum ersten Mal die »Alte Post« in Bergheim bei Köln betritt. Hier will er in die Lehre gehen. Es ist das Reich von Lutz Winter, damals jüngster Küchenmeister Deutschlands, weltoffen und so redegewandt, dass das ganze Lokal verstummt, wenn er an der Theke anfängt, seine Geschichten zu erzählen. Was den blassen, schmäch-

tigen Jungen aus Rommerskirchen aber wirklich umhaut, ist etwas anderes. Winter ist nicht nur ein Exzentriker, der nach Feierabend gerne Nietzsche liest, er ist auch im Besitz einer ebenso seltenen wie wertvollen Buchstaben-Zahlen-Kombination, mit der die meisten nichts anzufangen wissen. Der 14-jährige Horst schon. Mein Gott, noch im Halbschlaf und ohne Telefonjoker hätte er runterbeten können, was das heißt: MK2, Baujahr 1962!

Es ist der schönste Jaguar, den er je gesehen hat: British Racing Green, 3,8 Liter, schwarzes Leder, Wurzelholz. »Jetzt musste mal überlegen, wie das für mich war! Da kamst du aus dem Kuhkaff, mein Vater fuhr einen alten Gogo mit 250-Kubik-

Motor, ich fuhr Mopedchen, und dann kommst du dahin und triffst einen, der hat einen Jaguar vor der Tür stehen. Ich war fertig!« Auch Winter ist ein fanatischer Autoschrauber – und ein berüchtigter Bleifuß. Einmal gibt er dermaßen Gas, dass er auf einer englischen Autobahn einen neuen Geschwindigkeitsrekord aufstellt: 248 km/h! Dankenswerterweise dokumentiert die englische Polizei das einmalige Ereignis mit einem besonders gelungenen Foto aus ihrer Radarfalle. Die Story von dem »Flying German on the Autobahn«, der die vorgeschriebene Geschwindigkeit mehr als verdoppelt hat, bringt ihm nicht nur geharnischte Schlagzeilen in der englischen Presse. Der Kölner »Express« widmet ihm sogar die Titelseite: »Bergheimer testete Jaguar mit Tempo 248 in Radarfalle!« Obwohl Winter zu diesem Zeitpunkt mit einem Bein im englischen Knast steht, wird das Verfahren schließlich eingestellt. Sein Anwalt kann nachweisen, dass ein so alter Jaguar gar keine 248 schafft und es sich infolgedessen ja nur um einen bedauerlichen Irrtum handeln könne.

Als der 14 Jahre alte Lehrling Lichter das erste Mal mitfahren darf, sitzt er regungslos darin und überlegt die ganze Zeit, ob seine Schuhe auch wirklich sauber sind, wagt erst gar nicht, irgendetwas anzufassen, sondern legt stattdessen artig die Hände auf die Beine – Fettfleckengefahr! –, um dann voller Bewunderung und Neugier das Armaturenbrett aus Wurzelholz zu betrachten: Tausend Uhren, tausend Zeiger, und der Raubkatzen-Motor schnurrt so leise vor sich hin, dass es tatsächlich ein bisschen so ist, wie es eine legendäre Rolls-Royce-Anzeige aus der damaligen Zeit verspricht: »Das Lauteste, was Sie bei 60 Meilen hören werden, ist das Ticken der Uhr.«

Später darf er den Jaguar sogar hin und wieder putzen: »Das war eine sehr ehrenvolle Aufgabe!« – weshalb es auch keinen Groschen extra gibt. Und wenn Winter richtig in Fahrt ist, dann schreit er: »Horst, mach mal sauber!«, und knallt ihm ein

Speichenrad auf die Anrichte. Salat, Spargel, Speichenräder: Der Lehrling putzt und wienert, was ihm zwischen die Finger kommt – und am liebsten Speichenräder. Drei Jahre wird er bleiben und hinterher sagen: »Das war der erste Mensch, der mir wirklich was gegeben hat.« Das sieht sogar Mama Lichter so: »Ja, der hat ihm wirklich was gegeben. Und zwar den Rest!« In ihren Augen hatte Horsti ja schon immer »so ein bisscken einen Tatsch«, aber der Lutz Winter, »der hat noch mal einen draufgepackt.« Gut möglich. Denn Winter ist es, der dem kreativen jungen Wirrkopf zum ersten Mal eine Ahnung davon gibt, dass Salatöl und Getriebeöl durchaus zusammenpassen könnten. Er und seine feinen Herren aus dem Jaguarclub, die jeden Sonntag zum Champagnerschlürfen in die »Alte Post« kommen, öffnen Lichter die Tür zu der Welt, die er bis dahin nur aus Büchern kennt. Keine zwölf Jahre später wird der exzentrische Lehrling von damals das erste Restaurant Deutschlands eröffnen, in dem mehr Motorräder als Herdplatten stehen.

Den ersten Lohn, 360 Mark, lässt er sich in Fünfmarkscheinen auszahlen, »um endlich mal das Gefühl von einem Riesenbatzen Kohle zu haben«. Es bleibt beim Gefühl. Und weil es zur Regel wird, dass am Ende des Geldes meist noch ganz viel Monat übrig ist, tätigt Lichter den »ersten beruflichen Fehlgriff«, wie er es nennt. Titel der Story: Die skandalöse Fritteuse. Die steht in Mönchengladbach und bringt den jungen ambitionierten Koch, der Lichter mittlerweile ist, zum ersten Mal ins

Grübeln. Obwohl er mehrere Angebote aus namhaften Restaurants in Köln hat, lehnt er ab und folgt lieber dem Lockruf des Goldes: »Suche Jungkoch, 1500 Mark netto«. So steht es in der Annonce. »Da war klar, watte machst!« Wenig später steht er im »Jüchen«. Offiziell ein Ausflugslokal, tatsächlich aber eine als Restaurant getarnte Imbissbude, in der sie arme Senioren glauben machen, dass Flatrate-Fressen eine feine Sache sei. Das Lokal ist berühmt für seine gigantischen Schnitzel »Wiener Art«, und die älteren Herrschaften ordern sie in solchen Mengen, dass es ein bisschen ist wie in der Granufink-Werbung: Fünf Millionen Deutsche müssen nachts raus. Im »Jüchen« müssen fünf Millionen Schnitzel raus – und zwar *bevor* es Nacht wird. Regelmäßig kommt es vor, dass Busfahrer morgens um halb elf anrufen und ankündigen: »Wir kommen heute mittag mit 150 Mann zum Schnitzelessen!« Jungkoch Horst also mit dem Chef ins Kühlhaus, und dann schleppen sie zusammen eine Riesenwanne Fleisch in die Küche: »Panieren!« Und Lichter denkt: »Boah, wie ist der denn drauf? Da hab ich ja ne Woche Arbeit!«

Denn Schnitzelmachen ist eine hohe Kunst, und sein alter Chef wäre ihm vermutlich an die Gurgel gesprungen, hätte er gewagt, dabei zu schludern oder gar ein Schnitzel zu frittieren. »Ich stellte mir meine drei Tellerchen parat, mit Mehl und Ei und Paniermehl, habe eine wunderbare Gewürzmischung gemacht und die ersten paniert. Da kommt der um die Ecke, sieht das und bekommt einen cholerischen Anfall – leck mich am Arsch! Und während ich noch denke, Mensch, der muss doch stolz sein, dass ich das so gut kann, zeigt er mir, wie die das machen: Stellt zwei riesige Wannen hin, die eine voll mit Wasser, die andere voll mit Paniermehl. Und dann schmeißt er das ganze Fleisch in die Wanne mit dem Wasser, holt es wieder raus, schmeißt es in die andere mit der Paniermehlmischung, kloppt die Dinger platt und dann ab in die Fritteuse. Die haben Hunderte Schnitzel vorgebraten, dann wurde noch eine Soße aus der Tüte draufgematscht – fertig! Das war schlimmer als jede Kantine.«

Es sind Erlebnisse wie diese, die Lichter am Ende dazu bringen werden, den Kochberuf an den Nagel zu hängen: »In vielen Restaurantküchen, auch in den wirklich guten, herrschte ein gnadenloser Kasernenton: kein Bitte, kein Danke, kein liebes Wort. Natürlich kann ein Spitzenkoch zu seinem Lehrling nicht sagen: ›Entschuldigen Sie, könnten Sie mir bitte mal die Sahne reichen?‹, aber das, was da passierte, war wirklich übel. Für mich war klar: Entweder bleibe ich Koch oder Mensch. Man mag das naiv finden, aber so habe ich das gesehen.«

Tatsächlich ist es eine erstaunliche Evolution, die in deutschen Küchen stattgefunden hat: raus aus dem engen Mief, in dem Köche auf fast autistische Weise ihrer Arbeit nachgingen, rein ins grelle, bunte Licht des Fernsehens. Jede Menge *Schein*werfer und dazu Fernsehbosse als *Scheine*werfer: Das sind die Zutaten, die immer mehr Spitzenköche reich – Tim Mälzers Bücher sprengen regelmäßig die Millionengrenze – und berühmt machen. Sie sind die heimlichen Helden unserer Zeit. Was für ein Kontrast! »In den 60er-, 70er-Jahren tummelten sich in der Gastronomie Leute, die gehörten eigentlich in den Knast«, erinnert sich Lutz Winter. »Da waren unglaubliche Typen dabei! Wenn du die eingesperrt hättest, dann hätten die nicht gefragt, warum.« Es war die Zeit, in der sie angehende Köche schon in der Berufsberatung vor Risiken und Nebenwirkungen warnten – »Nehmen Sie sich bitte in Acht vor tieffliegenden Pfannen!« –, die Zeit, in der es in jeder Küche noch eine Kaltmamsell gab. Das waren jene meist vollschlanken Mittvierzigerinnen, die zuständig waren für den Charme der Kalten Platte: eine Gewürzgurke, drei Scheiben Rote Bete, vier Silberzwiebelchen. Und während heute das Bindemittel des Bürgertums Olivenöl ist – kaltgepresst und von einem befreundeten Lehrer aus der Toskana mitgebracht –, war es damals Béchamelsoße. Damit wurde alles dick gemacht. Und ganz nebenbei wurden die Lehrlinge fertiggemacht. »Das war würdelos«, sagt Winter, »teilweise echte Sträflingsarbeit.«

Aufbau
Oder: Fliegende Höschen und ein Kordsofa

> »Wir Männer haben im Alter zwischen 14 und 17 nur zwei Dinge, für die wir überhaupt da sind:

Das eine ist Mopedfahren, das andere ist, endlich mal da anpacken zu dürfen, wo man gerne möchte. Der Rest ist nur Lebenserhaltung.« Es ist interessant zu beobachten, dass es die Frauen sind, die am lautesten lachen, wenn Lichter auf der Bühne derart den Machophilosophen raushängen lässt. Sie lassen ihm das durchgehen, weil sie spüren, dass er einer dieser Tiger ist, die nach dem Sprung sowieso wieder als Bettvorleger landen. Und weil er so herrlich linkisch gucken kann, aus seiner Bettvorleger-Perspektive, wenn er dann zum Finale ansetzt: »Deshalb war damals auch die Kreidler Florett so unglaublich wichtig! Weil man das Gefühl hatte, wenn du mit *dem* Moped auf die Kirmes kommst, dann fliegen dir die Höschen nach …« Brüller! »Heute hab ich endlich die Kreidler, die ich damals haben wollte, aber ich trau mich echt nicht, damit auf die Kirmes zu fahren …« Nochmal Brüller!

Als er Christine kennen lernt, ist er gerade 18 geworden und merkt dank ausreichend Kirmeserfahrung schnell: Diesmal ist alles anders. »Der war schon sehr

verliebt«, erinnert sich die Mutter. Das merkt sie daran, dass sie die junge Frau öfter zu Gesicht kriegt. »Horsti hatte ne Menge Autos und Motorräder – und immer das passende Mädel dazu. Wenn der mit einem neuen Moped ankam, dann wussten wir ganz genau, wir sehen das Mädel nicht wieder.« Christine sehen sie wieder, der wilde Lichter zeigt sich plötzlich solide.

Die Schnitzeljagd in Mönchengladbach hat er zu der Zeit längst abgeblasen und arbeitet stattdessen im Kölner Traditionshaus »Jan von Werth«. Es ist die mittlerweile dritte Stelle nach der Lehre. Sie treffen sich im Frühzug nach Köln, wo sie, die gelernte Verkäuferin, in einem Sportfachgeschäft arbeitet. »Sie war sehr hübsch, dunkelhaarig und – wenn ich das so sagen darf: Sie hatte auch dicke Möpse. Wir sind dann ein paar Mal weggegangen, und dann hab ich plötzlich gemerkt, Mensch, die hab ich sehr gerne – das Mädel *und* die Möpse.« Sie kommen sich so schnell näher, dass er nach nur wenigen Monaten einen abenteuerlichen Entschluss fasst: »Ich musste zur Musterung, und ich sagte zu ihr: ›Pass auf, wenn sie mich nicht nehmen, dann heiraten wir, ne? Dann kommt ein neues Motorrad, und dann fahren wir drei Wochen in Urlaub!‹ Das klang für mich nach einem super Plan, zumal auch alle anderen um uns herum gerade dabei waren zu heiraten.« Horsti ist jetzt groß und will auch Spießer werden.

Der Plan funktioniert nur zur Hälfte. Und wer Lichters fanatische Liebe zu Motorrädern kennt, der weiß, es ist zwar nicht die falsche, aber irgendwie auch nicht die richtige. Wegen seines gebrochenen Rückens wird er tatsächlich ausgemustert. Und sie heiraten auch tatsächlich. Nur tatsächlich ein Motorrad kaufen, das kann er nicht. Er tut nur so. »Ich hatte in Köln bei ›Motorrad Emmons‹ eine wunderschöne Yamaha bestellt: 750er, pechschwarz – man darf ja nicht auffallen in der Nacht! –, mit schicken Lederkombis für uns beide, es war mit das Dickste, was es damals gab.« Er nimmt sogar einen Kleinkredit auf, mehr als 7000 Mark, um sich endlich seinen Traum zu erfüllen: »Ich wollte mal so einen richtigen Motorradurlaub machen, kleines Gepäck, einfach los in Richtung Süden, in Dorfgasthöfen Riesenschnitzel essen, geil!«

Doch dazu kommt es nicht. Das Unheil naht exakt an jenem Morgen, an dem er los will, um die Yamaha anzumelden. Direkt danach, so hat er sich überlegt, würden er und Christine losdüsen. »Ich saß da, da kamen meine Eltern und meine Schwiegereltern um die Ecke und haben mir mal erklärt, wie unglaublich scheiße sie das finden. Und redeten so lange auf mich ein, bis ich weinend und mit zwei Riesentaschen voller Lederklamotten in den Zug nach Köln gestiegen bin, um den ganzen Krempel zurückzugeben. Ich bin dann dort in ein ganz kleines Kino gegangen und habe mir ›Das Leben des Brian‹ angeguckt (›Ein Wunder! Ein Wunder!‹). Ich hab gelacht und geheult gleichzeitig.« Das Wunder, auf das *er* wartet, passiert trotzdem nicht. »Wir sind dann nicht in den Urlaub gefahren und haben stattdessen

Ich hab gelacht und geheult gleichzeitig

genauso viel Geld ausgegeben für Scheiße, die meine Eltern und Schwiegereltern als vernünftig erachteten. Haben bei Ikea ein kackbraunes Kordsofa gekauft, ein paar schwachsinnige Regale, und unsere Hochzeitsreise fand in Köln und engerer Umgebung statt. Wenigstens hatten wir guten Sex, wussten aber damals nicht, wie gut er noch werden kann.«

Es soll Jahre dauern, bis er seine erste richtige Reise macht. »Mein Kumpel Norbert kam an und sagte: ›Jetzt fahren wir mal nach Holland!‹ Ich dachte: Leck mich de' Söck, das ist ja Ausland! Das war so unfassbar weit weg für mich! Ich sach: ›Wir haben doch keine Woche frei!‹ Darauf er: ›Nee, dat machen wir morgen.‹ Ich sach: ›Wie, morgen!?‹ Ich war völlig fasziniert, dass wir nach anderthalb Stunden mit dem Auto in Holland waren. Gut, wir sind auch nicht weit reingekommen, weil wir direkt hinter der Grenze einen Motorschaden hatten. Ich dachte nur, scheiß Holland, sieht genauso aus wie bei uns. Wir haben von Holland nix gesehen.«

Von solchen Eskapaden abgesehen leben sie ihr graues Leben in ihrem grauen Haus. Es ist eine der vielen Arbeitersiedlungen in der Gegend, Plattenbau, sie wohnen unten, Erdgeschoss. Eigentlich gar nicht so schlecht, und trotzdem fühlt es sich irgendwie an wie Keller: unterirdisch. »Für mich war das ein Ghetto. 70 Quadratmeter, wer ins Wohnzimmer wollte, der musste erst durchs Schlafzimmer, daneben Bad, Kinderzimmer, Küche, so ne richtige Scheißwohnung mit Ikea-Krempel drin.« Dabei hat er gar nichts gegen Ikea, nein, es ist diese Enge, dieses mausgraue Lebensgefühl, das ihn anwidert. Er wohnt schon, aber er lebt noch nicht.

»Ich weiß gar nicht, ob wir jemals im Zoo waren«, sagt er, wenn er über sein Leben von damals nachdenkt. Und auch wenn er noch länger nachdenkt, fällt ihm nur ein, was sie alles *nicht* gemacht haben. Sie tun das, was man so tut als Ehe-

paar in einer solchen Situation: Sie essen, trinken, schlafen miteinander – und leben trotzdem nebeneinander her. Er beschließt, kein Koch mehr zu sein, und fängt stattdessen in der Braunkohlefabrik an, so wie sein Vater, so wie fast alle anderen im Dorf.

Es ist eine völlig neue, völlig andere Welt, in der sich der ehemalige Gastronomie-Sklave Lichter plötzlich bewegt. »Wenn der Laden voll ist, dann schwitzt du als Koch manchmal aus Löchern, die du gar nicht kennst«, sagt er. »Doch als ich auf die Braunkohle kam, wurde mir klar: Das wird mir hier nicht so schnell passieren.« In der Fabrik sind sie vor allem eines: entspannt. Nicht faul. Aber unnö-

tig hektisch werden? Jaaanz ruhig, et lääääuft. Und immer gleich. Kesselhaus fegen? Ja, aber warum in zwei Stunden erledigen, wenn man's auch in vier schaffen kann? Muss doch nicht sein. Käffchen?

An einem der ersten Arbeitstage schaut er nach der Schicht bei seinem alten Lehrherrn Winter vorbei. »Horst stand am Tresen und unterhielt die ganze Runde: Stellt euch vor, die haben uns heute ne neue Schrittlänge beigebracht! Ne kürzere ...« Ist natürlich nur einer von Lichters Späßen, aber er offenbart viel von dem Dilemma, in dem die Bergbauindustrie in den 80er-Jahren steckt: nachlassende Nachfrage und sinkende Preise auf der einen Seite, starke Gewerkschaften und Politiker, die in Wahlkämpfen »bedingungslos zur deutschen Kohle stehen«, auf der anderen.

Mit der Wahrheit, nämlich damit, dass die »guten alten Zeiten« ein für alle Mal vorbei sind, und dass sie einfach zu viele sind, wenn sie im harten Wettbewerb bestehen wollen, mit dieser Wahrheit rückt keiner raus. Und deshalb spielen sie mit. Weil sie gar keine andere Wahl haben. Von welchem Job sollen sie denn sonst ihre Häuschen abbezahlen? Sie *müssen* etwas langsamer machen, denn sonst fällt irgendwann dem Blödesten auf, dass sie sich eigentlich fast gegenseitig auf den Füßen rumstehen. Und so malochen sie alle vor sich hin, und es ist mit ihnen ein bisschen wie mit ihrem Butterbrot, das ihnen ihre Frauen mit auf Schicht geben: Man kann so ne Stulle nicht einfach tieferlegen und daraus ne Rennsemmel machen! Allein schon deshalb nicht, weil sich so was einfach nicht gehört. Macht man nicht. Punkt.

Lichter reiht sich ein, passt sich an und lebt plötzlich ein Leben, das eigentlich gar

53

nicht so schlecht ist. Mit festen Zeiten in der Fabrik und festen Freunden zu Hause. Ja, so fühlt es sich an: fest und feist. Man sieht ihm das auch an. Von dem dünnen Hering, der er bei der Hochzeit mit Christine noch war, ist nichts mehr zu sehen: Satte 80 Kilo zeigt die Waage jetzt, zehn mehr als noch vor ein paar Monaten. Trotzdem spürt die Mutter, dass er nicht glücklich ist: »Ich hab mich oft gefragt, warum Horst so früh geheiratet hat. Ich glaube, der wollte der Enge zu Hause entkommen.« Sie sieht das mit großer Skepsis. »Unser Horst war für eine Ehe einfach zu flatterhaft, der war nicht so reif wie mein Toni damals.« Sie reden oft darüber: »Horsti hatte immer noch seine Töne nebenher. Der wollte heiraten und dazu noch dieses Motorrad!« Immer wieder hat sie ihn damals bearbeitet, meistens beim Bügeln: »Junge, sei doch vernünftig!« Als er die Yamaha dann nach dem Finale furioso mit Mama, Papa und Schwiegereltern völlig entnervt abbestellte, war sie glücklich: »Dann ging auch das Bügeln wieder leichter.«

Schönheitswahn
Oder: Sahnetorte
und dicke Beine

> Je kleiner das Kaff, desto größer die Anstrengungen, möglichst weltläufig zu wirken.

Das gilt auch für das Fitnessstudio, in dem er sich wenig später anmeldet, um seine Gewichtsprobleme in den Griff zu kriegen: »Richard's Gym«. Das klingt fluffig und auch ein bisschen nach »Baywatch«, aber nur so lange, bis der Rheinländer ins Spiel kommt. Dann wird aus dem Richard und seinem Gym nämlich »Rischards Dschimmm«! Jetzt malocht Lichter nicht nur, sondern hebt und stemmt und schwitzt auch noch, am Ende sechsmal pro Woche, weil er merkt: »Mensch, wenn ich mich richtig reinhaue, dann geht da ja richtig was!« Richard, der Studiobesitzer, erklärt ihm alles über Ernährung: »Wir haben Eiweißpötte auf Ex gesoffen! Einmal saßen wir da: fünf Mann, in der Mitte ein Dreiliter-Eimer mit angetautem Vanille-Eis. Und dann haben wir das in kürzester Zeit weggehauen – wegen der tollen Eiweiße da drin.«

Lichter zieht knallharte Aufbau- und Diätphasen durch, schluckt Mucki-Präparate, löffelt sogar Quark, den er so hasst, und experimentiert damit herum: »Ich hab mich die ganze Zeit gefragt: Wie krieg ich den so lecker, dass ich ihn essen kann?« Sie sind eine tolle Gemeinschaft: »Wir sind oft ins Kino gegangen, fünf,

sechs Jungs, und dann kurz vor Mitternacht noch mal ins Studio, um eine Stunde Wade zu trainieren – total bekloppt!« Und wenn sie mal nicht gemeinsam essen oder trinken, dann toasten sie – und zwar sich selbst, auf der Sonnenbank. »Bräunen mit Niveau« verspricht der Werbeslogan des Solariums, in dem Lichter wenig später aufläuft – man will ja schließlich nicht auf irgendeinen Asi-Toaster. »Ich wollte mal so richtig braun werden! Also bin ich in die Apotheke, hab mir kiloweise Karotin gekauft und legte mich da rein, höchste Stufe. Nach 20 Minuten merkte ich plötzlich, wie es anfing zu kribbeln und zu jucken. Und ich dachte: Geil, geht los, geht los, geht los!« Das Einzige, was wirklich losgeht, ist eine Sonnenallergie vom Allerfeinsten. Danach hat sich das mit der Bräune und dem Niveau auch erledigt.

Einmal fahren sie ins Ruhrgebiet. Dort soll ein Bademeister aus dem Hallenbad Recklinghausen-Süd geheimnisvolle Seminare für echte Kerle geben. Thema: Wie mache ich aus einem Durchschnittswürstchen mit kreisrundem Haarausfall einen Superknacker? Als sie ankommen, sitzt da ein Brocken von Mann und vernichtet gerade eine Sahnetorte. »Diesen Anblick werde ich nie mehr vergessen: Während der zu uns sprach, hat er mit einem Esslöffel eine Riesentorte gegessen. Das heißt, eigentlich hat er sie nicht gegessen, er hat sie in sich reingefressen! Er erklärte uns dann, er sei gerade in der Aufbauphase und bräuchte Kohlehydrate ohne Ende.« Was keiner ahnt: Der »Tortinator« wird Jahre später ein Hollywoodstar werden. Es ist Ralf Möller, die Sahneschnitte aus Recklinghausen.

Auch Lichter selbst ist mittlerweile ein aufgepumpter Muskelprotz. »Damals habe ich gelernt, dass wirklich alles zur Sucht werden kann. Vor allem meine Oberschenkel waren riesig. Das kam von den Kniebeugen mit Gewichten. Ich fand das super, denn es gibt nichts Schlimmeres als Typen, die richtig dicke Oberarme haben und dann auf so dünnen Kackstelzen durch die Gegend laufen.« Ein richtiger Frauentyp wird er dadurch trotzdem nicht: »Du verliebst dich viel zu sehr in dich selbst und guckst nur noch in den Spiegel.«

Dass man so viel gucken und sich trotzdem aus den Augen verlieren kann, zeigt die Situation zu Hause. Christine legt keinen großen Wert darauf, ein aktives Mitglied seiner Mucki-Clique zu sein, sie sehen sich kaum noch.

»Ich konnte plötzlich bis zur Rente und noch weiter gucken. Jeden Tag bin ich in die Fabrik gedackelt, Wechselschicht, früh, spät, Nacht. Hab mich hochgearbeitet, vom Kehrjungen zum Techniker, hatte meine eigene Abteilung, in der monströse Maschinen liefen: riesige Röhrentrommeln, in denen der Brikettstaub getrocknet wurde, und gewaltige Brikettpressen. Auf die musste ich achten, sie sauberhalten. Acht Stunden hast du da verbracht, ohne groß nachzudenken. Viele Familien leben so, bis ins hohe Alter, und merken es gar nicht. Und wenn nicht ganz prägnante Dinge passieren, die dich wachrütteln, dann kannst du so was durchziehen bis zum Ende.«

Hilflos
Oder: Tod eines Babys

Das große Wachrütteln beginnt mit einem spitzen Schrei in der Dämmerung.

Er zerreißt die Stille in der engen Wohnung, in der bis eben nur das tiefe, gleichmäßige Atmen dreier Menschen zu hören war. Christine ist sofort hellwach: die Kleine! Vor ein paar Monaten erst sind sie Eltern geworden, sie hatte unbedingt ein Kind gewollt. Er hat sich gefügt, gefühlt hat er sich wohl nicht danach: »Das war schon sehr viel Verantwortung.«

Er ist jetzt 22, seit einem Jahr sind sie verheiratet. »Christine stand auf, ging hin, erzählte dem Baby was, und die Kleine schien sich zu beruhigen, denn plötzlich war es ganz still.« Was er nicht ahnt: Es ist nur der Moment Ruhe, den das Drama braucht, um richtig Anlauf zu nehmen. Die Sekunde, die Christine braucht, um einmal tief Luft zu holen. »Ich werde das nie mehr vergessen: Dieses unfassbare Schreien meiner Frau!« Es ist ein hysterisches, unkontrolliertes, verzweifeltes Schreien. »Ich sprang aus dem Bett hoch und war panisch. Denn mir war klar, wenn jemand so schreit, dann ist etwas ganz Schlimmes passiert.« Dann steht er schon vor dem kleinen Bett. »Das Babychen war komplett blau. Ich habe es angefasst und gespürt, dass es schon ganz kalt war. In mei-

ner Verzweiflung hab ich das Kind noch angeschrien. Und dann stand ich da und fragte mich die ganze Zeit: Was machst du? Was machst du?« Immer wieder betont er diese Hilflosigkeit. Er ruft bei der Feuerwehr an, sagt nur: »Baby tot«. Ist ihm in diesem Moment klar, dass seine kleine Tochter gerade gestorben ist? »Ich glaube, ja.«

Alarmiert durch das Schreien seiner Frau ist mittlerweile die ganze Nachbarschaft zusammengelaufen. »Ich sehe das noch genau vor mir: Alles stand da und starrte uns an, aber du willst die alle nicht.« Eine schreiende Frau, fragende Gesichter und er, der hilflos herumsteht: Nie wieder, davor nicht und danach nicht, habe er sich so einsam gefühlt wie in diesen endlos langen Minuten bis zum Heulen der Sirene, sagt Lichter heute. »Als der Rettungswagen endlich da war, stürmten die Sanitäter rein ins Zimmer, wir wurden ausgesperrt.« Eine halbe Stunde müssen sie draußen warten, dann endlich öffnet sich die Tür zum Kinderzimmer. Er fragt noch: »Was ist denn mit dem Baby?«, aber sie wollen nichts sagen. Tragen es an ihnen vorbei, legen es in den Rettungswagen, Blaulicht, Krankenhaus. »Wir haben unsere Kleine nie wiedergesehen.«

Er ist so hilflos, mit dieser Ungewissheit, mit der schreienden Frau, und beschließt, Christine zu Hause abzuliefern: Ihre Eltern würden eher in der Lage sein, sie zu trösten – er kann es nicht. Auf dem Rückweg kommt er an einer Dorfkirche vorbei. Und obwohl er nie ein besonders eifriger Christenmensch war, kriecht in ihm plötzlich das dringende Bedürfnis empor, am Pfarrhaus zu klingeln. Warum? Er weiß es nicht. Vielleicht, weil er spürt, dass dies der richtige Ort sein könnte, um wenigstens einen Teil dieser zentnerschweren Last abzuladen, die ihm gerade auf

die Seele drückt? »Ich würde gerne mit dem Pastor beten, mein Baby stirbt«, bittet er die Haushälterin. Als die wenig später zurückkommt, sagt sie diesen einen Satz, der ihn bis heute beschäftigt. »Das hat mich damals ganz weit weg gebracht von der Kirche. Sie sagte nämlich: ›Der Herr Pastor hat jetzt keine Zeit für Sie, aber er stellt eine Kerze für das Kind auf.‹« Auch mehr als zwei Jahrzehnte später hat es Lichter nicht geschafft, mit dieser Episode seines Lebens abzuschließen, die nur wenige Sekunden gedauert hat. Nichts im Verhältnis zu jahrelangen Klinik- und Reha-Aufenthalten. »Wenn dir einer in dem Moment, in dem du die größte Not hast, sagt, ich stell ne Kerze auf, dann hättste mich besser schlagen können.« Trotzdem zahlt er bis heute seine Kirchensteuer.

Halb in Trance fährt er wenig später mit seiner Mutter nach Köln in die Kinderklinik: »Du wirst in Empfang genommen, und die müssen gar nichts mehr sagen.

Der Arzt kommt zu dir, und du weißt, was los ist. Er sagte mir noch: ›plötzlicher Kindstod‹, dann bin ich los und habe nur noch darüber nachgedacht, wie ich das meiner Frau beibringen soll.«

Wie die folgenden Tage bis zur Beerdigung abliefen? Er hat keine wirkliche Erinnerung mehr daran. Nur seine Gefühlslage von damals, die lässt sich noch ziemlich präzise rekonstruieren. Christine hatte sich völlig zurückgezogen, wohnte wieder bei ihren Eltern, die Hilfe seiner eigenen Eltern lehnte er ab. Er muss sehr einsam gewesen sein. Fuhr *allein* los, um die Beerdigung zu organisieren, sprach *allein* mit dem Priester, stand *allein* vor dem Verkäufer im »Beerdigungsinstitut Schotten« in Rommerskirchen. Als ihm die Mutter anbot, ihm wenigstens bei der Suche nach dem Sarg beizustehen, lehnte er wieder ab: »Nein, Mama, das muss ich *allein* machen.« Allein, allein, allein. So stand er da, als junger Vater von 22 Jahren, und musste den Sarg für seine Tochter aussuchen. »Damals ist diese Ehe kaputtgegangen«, glaubt die Mutter, »die hätten das gemeinsam durchstehen müssen.« Stattdessen verkrochen sie sich, jeder auf seine Art. »Horst hat das alles sehr weh getan«, sagt sie. Zugeben würde er das nie.

Horst hat das alles sehr weh getan

Am nächsten Abend steht er plötzlich im Lokal von Lutz Winter. Sie haben sich lange nicht gesehen, und Winter ist erschrocken: »Er war so still, wie ich ihn noch nie gesehen hatte, saß da mit verquollenen Augen. Sein Bruder war dabei. Als der anfing zu erzählen, was passiert war, ging Horst einfach raus. Er hat es nicht mehr ausgehalten.« Dass Lichter in diesen schweren Stunden Winters Nähe sucht, ist wohl nicht nur Vertrauensbeweis. »Ich glaube, dass er einfach niemanden hatte, mit dem er wirklich darüber reden konnte.« Winter ist überzeugt davon, dass der Tod der Kleinen für Lichter das war, was Boxer einen Wirkungstreffer nennen. Er drückt es so aus: »Das war die Plattform für seinen Zusammenbruch.«

Nach der Beerdigung: Flucht. Das junge Ehepaar, dem Eltern zu sein nicht vergönnt war, steigt ins Auto und fährt in die Eifel. »Dort haben wir versucht, ein paar Tage … nein, Urlaub ist das falsche Wort. Wir haben einfach versucht, woanders zu sein.« Es geht nicht gut. »Das war wie bei einer zerbrochenen Liebe: Du wirst verlassen und triffst danach auf Schritt und Tritt Menschen, die dich daran erinnern, weil sie deiner Liebe so ähnlich sehen.« Sie gehen spazieren, laufen stundenlang durch idyllische kleine Eifeldörfer. »Und auf einmal siehst du nur Schwangere, nur Kinder, nur Babys – und wenn's nur Tierbabys sind. Wir sind im Grunde ein zweites Mal bestraft worden, auf eine ganz perfide Weise, so nach dem Motto: Schaut mal!« Es ist grausam.

Nie wieder betreten sie danach die alte Wohnung, sie räumen sie nicht mal selber aus. Keine Fotos der Kleinen, keine Erinnerungsstücke, keine Muckibude mehr. So sehr hat Lichter das alles verdrängt, dass auf die Frage nach dem Namen des Mädchens nur ein verlegenes Lachen kommt: »Ganz ehrlich? Ich weiß es nicht mehr.

Ich weiß es nicht mehr. Is heftig, ne?

Is heftig, ne?« Ja, ist heftig, und trotzdem, sagt er, wird er sie wiedererkennen, wenn der Moment gekommen ist: »Sie war ein süßes Babychen, mit dunklen Haaren und großen Augen, und ich bin mir sicher, dass wir uns wiedersehen werden. Nicht, weil ich an ein Leben nach dem Tod glaube, sondern weil ich weiß, dass wir im Moment unseres Sterbens alles noch einmal vor Augen haben, unser ganzes Leben.« Er weiß das deshalb so genau, weil es diese Erfahrung ist, die er nur vier Jahre später unter dramatischen Umständen selbst machen wird.
Horst Lichter war nach der Beerdigung nie wieder am Grab seines Kindes. Auch auf ihn trifft in gewisser Weise zu, was der französisch-österreichische Schriftsteller Manès Sperber 1948 in einem ganz anderen Zusammenhang geschrieben hat: »Um einen Lebenden zu verstehen, muss man wissen, wer seine Toten sind.«

Es ist eines der letzten großen Geheimnisse aus der Welt der Führerschein-Neulinge,

... und bis heute gibt es keine vernünftige Erklärung für das unheimliche Phänomen: Woher kommt es? Wer steckt dahinter? Tatsache ist: Ganze Generationen junger deutscher Männer haben es erlitten – das Ford-Trauma! Kein Mensch weiß, wie es ihre Väter geschafft haben, sich auf so breiter Front abzusprechen, geschweige denn, wer denen den Unsinn eingeredet hat. Sicher ist nur: Die Ford-Traumatisierungen haben stattgefunden, und zwar flächendeckend, zigtausendfach, und das Elend begann meistens an einem dieser berüchtigten »gemütlichen Fernsehabende«, und es begann immer mit dem einen Satz: »Junge, kauf dir doch nen Fiesta, dann haste wat Anständiges!«

Auch Horst Lichter bekommt diesen Satz zu hören. Und nicht nur einmal. Sein Vater ist stinkig! Denn nach den traumatischen Ereignissen betäubt sich der Sohn regelrecht, taucht in immer kürzeren Abständen beim Autohändler seines Vertrauens auf und kauft und tauscht und maggelt und verhökert und kauft wieder. Lichter ist ein Autoverrückter, daran hat sich bis heute

nichts geändert. Und weil er weiß, dass Frauen – sogar seine – so lange ein gestörtes Verhältnis zu Autos haben werden, bis es die Dinger endlich auch von Gucci gibt, beugt er neuerdings vor. »Weil er weiß, wie wütend mich das macht, wenn er ständig neue Autos kauft, stellt er sie manchmal heimlich auf den Hof und versteckt sie unter einer Plane«, erzählt Nada, seine kroatische Lebensgefährtin. Natürlich kommt es früher oder später immer raus. Meistens früher.

Seine Autoleidenschaft ist legendär. »Vater wollte immer, dass ich was Vernünftiges fahre. Ich stattdessen: 230er Mercedes, Ford Capri drei Liter, Porsche 914, Opel Diplomat, Simca Rallye 2, eine megageile, viereckige Kiste. Der stand beim Fordhändler in Rommerskirchen und sah so klein und brav aus, dass meine Eltern den verhängnisvollen Schluss zogen:›Junge, dat is nen Auto für disch!‹« Denn rein optisch kommt er dem Fiesta sehr nahe. Aber eben nur optisch. »Der hatte Schalensitze, Sportlenkrad, tausend Uhren, und als ich das erste Mal vom Hof gefahren

bin, habe ich direkt gemerkt: Uih, der ist aber böse schnell! Das war so etwas wie später der Golf GTI, das schnellste Auto seiner Klasse.«

Sie kaufen ihm das Auto: 1500 Mark, Kleinkredit, und haben keine Ahnung, welchen Feuerstuhl sie ihm da gerade geschenkt haben. »Er war mehrfarbig. Am Anfang hauptsächlich grün. So'n fieses Jägergrün mit zwei Rallyestreifen. Ich bin dann hingegangen und hab ihn erst mal veredelt.« Veredeln! Das heißt in der Welt des Horst Lichter: so viele Lampen dranschrauben, dass er eine zweite Batterie einbauen muss. Alles einbauen, was er an Uhren kriegen kann, ganz egal, ob sie funktionieren oder nicht. Und dann: Kriegsbemalung, fünf Millionen Aufkleber inklusive. »Ich hatte alles, von Shell bis Pioneer. Ich hab die Kiste tiefergelegt und einfach die Federn abgesägt, ich hatte sogar zwei Autoradios übereinander, von denen nur eines funktionierte. War mir aber egal, ich fand die vielen Knöpfe so geil!«

Das Glück hält genau eine Woche. Er meint, auf Walter Röhrls Spuren hinterherirren zu müssen. »Da gab es diese geniale Kurvenkombination auf der B59, kurz hinter Sinsteden. Ich bin da jede Nacht langgefahren, und jede Nacht ein bisschen schneller. Ich wollte mal antesten: Was schafft die denn mit mir? Das ging

sechs Tage gut, dann bin ich aus der Kurve raus, die Böschung hoch, und hab mir so'n Laternenpfahl exakt bis vor die Frontscheibe gefahren.« Er selbst hat nicht mal eine Beule. Stattdessen lernt er am nächsten Tag, dass der natürliche Feind des Mannes Autohändler heißt. Der sorgt nämlich für ein gepflegtes Schleudertrauma in Horstis Brieftasche. »Ich ging mit meinen Eltern dahin und fragte, ob es sich wohl rentieren würde, das Auto zu reparieren. Leider habe ich vergessen zu erwähnen, für wen es sich rentieren sollte. Der Händler erzählte irgendwas von einem super Investment und hat dann die Karre für unglaubliche 2500 Mark gerichtet, dabei hatte sie nur 1500 gekostet!«

Über das, was danach kommt, sagt er heute: »Da war ich so richtig krank in der Birne.« Es ist ein Traum in Blau Metallic: V8-Motor, Verbrauch: 25 Liter. Der legendäre Opel Diplomat! Zeitzeugen sagen, wer damals im Ruhrpott was auf sich hielt,

der fuhr Diplomat: Fabrikanten, Anwälte und Ärzte. »Ein Mercedes, das war in den 70er-Jahren höchstens was für Bauern.« Damaliger Preis für das Spitzenmodell aus dem Hause Opel: 20200 Mark. Bis heute ein Kultauto. Die »Fantastischen Vier« fahren in einem ihrer Musikvideos Diplomat. »Wenn ich zur Arbeit musste, dann setzte ich mich immer in den dicken Diplomat rein, fuhr auf die Autobahn und sagte mir: ›Horsti, haste gar nicht nötig, du musst keinem zeigen, watte kannst, du hast'n V8, ha!‹ Dann fuhr der Erste vorbei, und ich dachte: ›Junge, wenn ich wollte …‹ Dann fuhr der Zweite vorbei, und ich sagte mir: ›Alter, wenn du wüsstest …‹ Spätestens beim Dritten gab's Vollgas, und dann hab ich das Feld von hinten aufgerollt. Nach vier Tagen hatte ich meinen kompletten Monatslohn an Sprit verblasen.«

Alter, wenn du wüsstest …

Die Antwort auf das Desaster ist seine erste BMW. Die neue Bescheidenheit hat nur zwei Räder und ist in Wahrheit ein fahrender Haufen Schrott. »Das war ein uralter Scheißeimer in zehn verschiedenen Farben. Doch als ich ihn restauriert hatte, wurde er Papas ganzer Stolz. Der hatte ja selbst nur ein Moped und immer, wenn ich nicht da war, hat er sich die BMW genommen und ist damit ganz langsam und mit stolzgeschwellter Brust über die Felder gefahren. Danach kam er an und sagte: ›Mensch, Horsti, wie toll das ist, so eine Maschine zu beherrschen …‹ Dabei war das im Prinzip ein Kackeimer: 600 Kubik, 40 PS, zog keinen Hering vom Teller.« Als Horst die BMW später gegen eine Ducati (»'ne Dukatti!«) tauscht, hat er ein halbes Jahr Krach mit dem Vater. »Er raunzte mich an: ›Wie kann man denn so ein edles deutsches Motorrad gegen so einen italienischen Geißbock tauschen?‹«

Sackgasse
Oder: Hängebauchschweine
und Müllermilch Schoko

> **Wegen seiner Autoliebe ist Lichter damals chronisch pleite.**

»Wenn Geld den Charakter verdirbt, dann kannst du dir gar nicht vorstellen, wie weit ich davon entfernt war, verdorben zu sein!« Er kann einfach nicht mit Geld umgehen: »Mein Konto war immer auf meganull.« Trotzdem fangen er und Christine an zu bauen. Gibt ja auch ne Menge guter Argumente! Seine Eltern haben doch dieses Grundstück nebenan, die Zinsen sind doch gerade so niedrig, sie sind doch gerade im richtigen Alter, und überhaupt könnte man doch gerade jetzt die Sache einfach mal richtig anpacken! Und so lassen sie sich erst zuquatschen und dann reinquatschen in diese müffelige Glückseligkeit mit Bohnerwachs und Spießigkeit, die er ganz tief drin so sehr hasst, dass sie ihn jetzt schon fast erdrückt. »Ich weiß noch, wie ich damals sagte: ›Ich hätte aber eigentlich lieber was Altes, etwas, das lebt und atmet, so'n richtig schönes, altes Haus.‹« Zugehört hat ihm keiner.

Er muckt nicht auf. Er ist noch nicht so weit. Er macht das alles genauso wie die meisten anderen Malocher um ihn herum. Keine Fragen und damit keine Krisen. »Ich glaube, viele Menschen tun in ihrem Leben möglichst viele Dinge, einfach nur,

damit sie nicht merken, wie schlecht es ihnen eigentlich geht. Und seltsamerweise kommen sie sich dabei oft sogar noch faul vor! Obwohl wir so viel gearbeitet haben, hatte ich damals pausenlos das Gefühl, Mensch, eigentlich könntest du noch viel mehr machen.«

Vor allem will er es anders machen. Gertrud Schilke, der Dorfärztin, fällt das gleich beim ersten Hausbesuch auf: »Da war nichts mit Gelsenkirchener Barock. Herr Lichter, sein Zuhause, das fiel alles aus dem Rahmen.« Auch finanziell. Der jungen Familie passiert das, was fast immer passiert, wenn der Kreditberater zu freundlich und die Naivität zu groß ist, wenn sich Haus*bau* und Haus*verstand* erst beim Kleingedruckten begegnen: Die Lichters übernehmen sich. »Mein Gott, wir hatten ja keine Ahnung! Wir bekamen dieses Arbeitgeberdarlehen und etwas Geld vom Staat, den Rest finanzierte die Bank.« Sie wollen es richtig machen, keine bösen Überraschungen erleben. »Ich habe mit meinem Vater Tag und Nacht geschuftet. Wir wollten so viel wie möglich selbst machen, um überall weniger auszugeben als geplant – das war die Idee!«

Eine gute Idee, und zunächst klappt alles wie am Schnürchen. Doch dann – das Haus ist bereits mehr als zur Hälfte fertig – kommt der Tag, an dem er zur Bank geht und ihm der freundliche Sachbearbeiter erklärt, wie unglaublich pleite er ist. »Ich wollte Rechnungen überweisen, und dann sagt mir dieser Typ, es ist keine Kohle mehr da! Ich bin fast in Ohnmacht gefallen, weil ich genau wusste, dass ich überall weniger bezahlt hatte. Wir hatten doch so viel selbst gemacht!«
Später wird sich herausstellen, dass der junge Bankberater bei der Kreditvergabe zwar mit allen möglichen Wassern gewaschen war, nur eines war ihm offenbar fremd: Abwasser. »Der hatte große Summen für Kanalisation, Stromversorgung und all so'n Kram gar nicht kalkuliert.« Sie müssen nachfinanzieren und ganz allmählich dämmert ihnen, was da mit ihnen passiert ist: »Plötzlich war so wenig Geld da, dass wir eigentlich gar nicht mehr leben konnten.«
Die Erkenntnis ist ein Schock und zwingt ihn endgültig in ein gnadenlos enges Korsett aus tatsächlichen Verpflichtungen, aber auch eigenen Ansprüchen. Häufigster Auslöser für Neid und falsche Ansprüche: der Mercedes der Nachbarn. »Wir träumten von einem Leben, wie es andere Familien um uns herum auch führten. Am liebsten mit zwei Autos und regelmäßig Urlaub. Wo er acht Stunden arbeiten geht, und wenn er nach Hause kommt, dann hat sie gekocht. Beide sind sie wohlbeleibt, sind im Schützenverein, gehen auf die Kirmes und haben einen großen Fernseher. Und wenn dann am Wochenende auch noch die Sonne scheint, dann ist es perfekt!« So perfekt, dass einem wie ihm übel wird. »Mag sein, dass das eigentlich ganz schön ist – ich find's zum Kotzen.«

Es ist diese Überdosis Normalität, die er nicht verträgt. Das Problem ist: Damals, mit seinen 23, weiß er noch nicht, wie er es anders dosieren soll. Stattdessen: Maloche! Wechselschicht in der Fabrik für zweizwei netto. »Die Nachtschicht ging von abends zehn bis morgens sechs. Danach bin ich oft schon mittags wieder in die Spätschicht gefahren: 14 Uhr anfangen, um 22 Uhr Feierabend. Oder die ganz böse Kombination: Da kamst du abends um zehn aus der Spätschicht und warst morgens um sechs schon wieder in der Fabrik.« Es ist wie Malen nach Zahlen für Erwachsene. Ein Leben, in dem die Stechuhr den Rhythmus vorgibt und in dem der Übergang zwischen Bergbau und Raubbau am eigenen Körper fließend ist. Zehntausende leben so an Rhein und Ruhr. »Klack! Klack! Klack!« Die monotone Geräuschkulisse, die entsteht, wenn die Kohle mit ungeheurer Gewalt in eine neue Daseinsform übergeht – fast quadratisch, in jedem Fall aber praktisch und gut –, hat Lichter heute noch im Ohr. In einem schwärmerischen Zeitungsartikel von 1950 heißt es: »Die Besucher staunten über die schweren Pressen, die mit einem Druck von 1200 Atmosphären ein Brikett nach dem anderen formten und ausstießen. Der Lärm übertönte fast jedes Wort. Vorbei ging es an riesigen Motoren, Schwungrädern, Rohrsystemen und Entlüftungsanlagen. Hundertfältig drängten sich die Eindrücke auf in dem Gewirr technischer Wunderwerke.«

Wunder kommen Horst Lichter, dem jungen Maschinisten, in seiner täglichen Arbeit seltener unter. Eher Menschliches. »Ich hab mal einen auf der Braunkohle erlebt, für den war es ein Riesensport, Briketts zu klauen. Der aß sein Butterbrot, las die Zeitung und wickelte dann in die Zeitung die Briketts ein, die er selbst gemacht hatte. Und das, obwohl er jedes Jahr 150 Zentner Deputat geschenkt bekam. Ein anderer ließ regelmäßig Isolierband mitgehen. Irgendwann hatte der so viele Rollen zu Hause – die konnte der in seinem ganzen Leben nicht mehr verkleben!«

Geiz? Ist schon damals nicht geil. »Das waren ja keine schlechten Menschen. Nein, ich glaube, die hatten irgendwo tief drin eine Sehnsucht nach Abenteuer. Die wollten was erleben!« Brikett-Klau als schäbiger kleiner Nervenkitzel. Ein Gedanke geht ihm zu der Zeit immer wieder durch den Kopf: »Nicht, dassde mal wach wirst und bist schon Rentner …« Er ist so hungrig nach Leben.

Und zum allerersten Mal ist er es auch wirklich. Hat er sich nie vorstellen können: jemals ernsthaft zu hungern! Für ein halbes Kaninchen an dunkelbrauner Soße hat's doch früher zu Hause auch immer gereicht! Und ausgerechnet jetzt, wo er endlich auf eigenen Füßen steht, hängt ihm der Magen durch. »Das war die Zeit, in der ich regelmäßig mit einem Knurren im Bauch rumgelaufen bin. Ja, ich hatte richtig Hunger!«, bekennt er. »Ich war ein Koch, der Hunger hatte.« So sehr würgen ihnen die Raten fürs Haus den Saft ab, dass er eine zweite Stelle suchen muss. Auch die ist nicht viel magenfreundlicher – dafür ist sie zu schlecht bezahlt. Aber wenigstens wärmt sie das Herz.

Lichter steht auf dem schönsten Schrottplatz, den er sich vorstellen kann. Ein Traum in Schrott! Kaputte Autos, Mopeds, sogar Busse, Laster und Bagger stehen hier rum – sofern sie noch in der Lage sind zu stehen – und werden erst fachmännisch zerlegt, dann gefleddert. Und wenn noch etwas übrig bleibt, dann machen gewaltige Schrottpressen aus dem Alteisen Kleinholz. Und er, als Ritter Rost, mittendrin! »Ich liebte diesen Schrottplatz, das war genau meine Welt.«

Es ist die Welt des Richard Lenzen, des inoffiziellen Schrottplatz-Paten von Köln-Bocklemünd. Ein Patriarch, einer von der alten Schule, für den ein Handschlag mehr zählt als eine Unterschrift. »Der kam immer mit seinem 12-Zylinder Mercedes vorgefahren, ging mit seinem Stock über den Platz, und jeder hatte Respekt, weil er wusste, der kennt dort jedes einzelne Teil. Selbst die, die schon da waren, als Jesus in Nazareth in die dritte Klasse ging.« Lenzen macht seine Geschäfte am Schreibtisch, ohne Computer, ein paar Leitz-Ordner genügen ihm. Und wenn er einen so anguckt, mit seinen wässerigen, blauen Augen, so ernst und durchdringlich, dann sieht er ein bisschen aus wie der Charles Bronson vom Schrott. Mindestens einmal pro Tag wird Lichter Zeuge sehr spezieller Dialoge: »Hörens Jupp, wat kost misch dat, wenn isch dat dun?« Selbst er muss da genau hinhören. »Da musste man mit Untertiteln sprechen.«

Da musste man mit Untertiteln sprechen

Zwei Jahre geht er hin, jeden Tag, schuftet acht Stunden zusätzlich. »Es kam öfter vor, dass ich morgens, direkt nach der Nachtschicht in der Fabrik, zum Schrottplatz gefahren bin. Dann habe ich da ein paar Stunden gearbeitet, fuhr gegen Mittag nach Hause, um wenigstens ein paar Stunden zu schlafen, und machte mich dann wieder auf den Weg zur Nachtschicht.« Lichter ist ungeheuer fleißig. Bis heute ist Lenzen beeindruckt davon, wie er damals die Hanomag-Motoren zerlegt hat: »Wir hatten ganz viele davon auf dem Platz, und ich hab Horst abgestellt, um sie auseinanderzunehmen. Wir dachten alle, der beißt sich daran die Zähne aus. Aber er hat es tatsächlich geschafft!«

Der Schrottplatz hat seine eigenen Regeln, und Lichter kriegt es zu spüren. »Am Anfang haben sie versucht, mich so richtig zu verarschen, weil ich der Milchbubi war.« Einmal geben sie ihm LKW-Reifen. Die soll er mit ner Eisenstange von den Felgen abziehen. »Gott sei Dank hat das nicht geklappt – ich hätte mich umgebracht!« Drei Stunden lassen sie ihn wühlen. »Dann kam Charles Bronson um die Ecke und hat einen Riesenbrüll losgelassen: Was ich da für'n Scheiß machen würde? Und dann hat er die anderen gefaltet vom Allerfeinsten. Sie mussten mir dann zeigen, wie das an der Maschine geht.«

Später darf er Gabelstapler fahren. Jetzt sitzt er an der Quelle! Jedes Mal, wenn wieder ein schrottreifes Motorrad angeliefert wird, schleppt er das olle Ding mit nach Hause. »Unser Haus war noch nicht fertig, da standen im Rohbaukeller schon 15 oder 16 Mopeds. Christine war total begeistert! Denn dadurch konnten wir monatelang keinen Estrich gießen.« Als sie immer unentspannter wird, greift er tief in die psychologische Trickkiste. Das kann er gut. Dann streicht er sich zuerst mit dem Zeigefinger von rechts nach links über den Schnäuzer – das soll devote Verlegenheit vortäuschen –, neigt den Kopf schräg nach unten und schaut dann mit Dackelblick über den Goldrand seiner Nickelbrille hinweg tief in die Augen seines Gegenübers. Und dabei sieht er so unschuldig aus, als sei er Mahatma Gandhi – nur mit Schnurre. »Ich sammle ja keinen Müll«, fängt er an. Reaktion abwarten. »Ich sammle doch nur Geschichten.« Aha. Natürlich fällt Christine nicht drauf rein. Auch »Geschichten« können Keller verstopfen. Sie triezt ihn so lange, bis er endlich eine alte Scheune anmietet. »Zu meiner Glanz- und Gloriazeit hatte ich irgendwann sechs gemietete Schuppen rund um Rommerskirchen, in denen lauter alter Prüll lag: alte Türen, alte Fenster, alte Mopeds, alte Bücher, alte Schreibmaschinen.« Aus diesem ganzen Krempel wird er später seinen irren Laden bauen. Seine ganz persönliche Dreifaltigkeit besteht aus Scheunen, Schrott und Schreierei zu Hause. Es sind seine Gründerjahre, und er ist – ohne es zu ahnen – gerade dabei, die Kunstfigur Horst Lichter zu erfinden.

Zwei Jahre zieht er das durch: Doppelschicht für eine Handvoll Mark. Sie sind inzwischen wieder Eltern geworden. Der kleine Christopher läuft ihm überallhin nach. »Das war von Anfang an mein Kind, und ich glaube, Christine hatte schwer daran zu knabbern, als sie merkte, dass der kleine Junge kein Ersatz für unser totes Mädchen war.« Sie hatten beide gespürt, dass sie nach dem Drama um ihre Kleine eine Entscheidung treffen mussten: entweder nie wieder ein Kind. Oder sofort. »Meine Frau hatte unheimliche Angst vor der zweiten Schwangerschaft. Deshalb hatte das Baby nach der Geburt einen nervösen Magen. Ich bin jede Apotheke abgefahren, um Lefax-Tropfen zu holen.« Manchmal packt auch ihn die nackte Angst – Existenzangst! Wie soll er das alles bloß schaffen? Die Raten fürs Haus? Die Familie ernähren? Vielleicht hatte seine Mutter doch Recht, als sie Bedenken anmeldete: »Ihr solltet nicht sofort ein zweites Kind kriegen. Kümmert euch erst mal um euch selbst.« Trotzdem sind sie Eltern wie aus dem Bilderbuch: sie eine gute Mutter, er ein guter Vater. Trotz allem.

Denn Lichter wird zu der Zeit immer seltener satt. Leidet immer öfter richtig Hunger. Und fängt in seiner Not an zu klauen. Lenzen, die graue Eminenz vom Schrottplatz, züchtet am Rand des weitläufigen Geländes Schweine. Sein Hobby: »Ich hatte Hausschweine, Wildschweine und vietnamesische Hängebauchschweine. Sie können sich gar nicht vorstellen, was wir zu Hause für edle Würste hatten! Heute landen Schweine nach spätestens vier, fünf Monaten beim Metzger. Ich hab meine mehr als ein Jahr lang gefüttert. Und zwar vom Allerfeinsten.« Zum Beispiel mit Müllermilch. Ganz in der Nähe hat EDEKA ein Zentrallager. Lichter fährt regelmäßig mit einem kleinen Laster dorthin, um abgelaufene Lebensmittel für die Schweine abzuholen. »Dann gehst du da rein und hast – Scheiße noch mal! – richtig Hunger. Du lädst ein paar Paletten Müllermilch Schoko ein, die seit einem Tag abgelaufen ist. Und du hast unglaublich Bock auf diese Müllermilch! Und dann klaust du den Schweinen das Fressen. Du nimmst es mit nach Hause und denkst, boah, geil, wat für ne leckere Milch! Und du zockst Bananen, die weggeworfen werden, nur weil sie ein bisschen braun geworden sind. Und du denkst, Mann, dann schmecken die doch erst richtig gut …« Von allen Schweinen auf dem Schrottplatz ist er damals das ärmste. Lenzen bekommt von alledem nichts mit. Von der Doppelschicht nicht, von der Müllermilch nicht. »Ich wusste, dass er gebaut hatte. Aber ich hatte keine Ahnung davon, dass er so knapp bei Kasse war. Das geht einen ja auch nichts an.«

Auf dem Schrottplatz bekommt der Koch Horst Lichter ein anderes Verhältnis zu Lebensmitteln. »An diese Schweinenummer muss ich oft denken, wenn ich im

Fernsehen neben all diesen Superköchen stehe. Ich glaube, die hatten nie mal wirklich Hunger.« Auch seine Familie, Christine und der kleine Christopher, kriegen nichts davon mit. Dafür sorgt er schon. »Ich werde eine Frühstücksszene aus meiner Kindheit nie vergessen. Wir saßen am Tisch und hatten nur noch so'n kleines Stückchen Leberwurst. Und Papa sagte: ›Gib dem Jungen das Stück Wurst, ich mag das Brot sowieso lieber nur mit Butter!‹ Ich hab das als kleiner Junge geglaubt. Ich war fest davon überzeugt, dass mein Papa gar keine Leberwurst mag und stattdessen lieber Brot, dick geschnitten, mit Butter isst.« Es ist fast rührend zu beobachten, dass er heute seinem Publikum am Ende seiner Kabarettabende oft genau das servieren lässt: frisches, dunkles Brot mit viel Butter. Auch Lichter, der notorische Verdränger, kann aus seiner Haut nicht heraus.

Exzentriker
Oder: Von Hanteln und Hubschraubern

> **Spitzenköche sind extreme Menschen. Die Mischung aus außergewöhnlicher Kreativität und Besessenheit macht sie extrem.**

Alfons Schuhbeck fährt nachts um eins ins Fitnessstudio, um nach einem 16-Stunden-Tag noch mal eine Stunde zu trainieren. An fünf Tagen in der Woche macht er das. »Ich hatte 130 Kilo, jetzt bin ich runter auf 100. Ich hab meinen Körper komplett auf Muskeln umgestellt.« Wenn er dann morgens um drei endlich im Bett liegt, dann bleiben ihm noch vier, allerhöchstens fünf Stunden Schlaf. Bloß keine Zeit verlieren, schon gar nicht auf der Straße! In seiner wilden Zeit ist er gerne heftig durch München gedonnert, worauf es am Wegesrand gerne heftig blitzte, fast so heftig wie damals, als der Blitz einen Herrn namens Saulus erwischte. Damals, vor 2000 Jahren, kam das Wetterleuchten direkt vom lieben Gott – im Fall Schuhbeck nur von der Münchener Polizei. Der Effekt aber war der gleiche: Die vielen Blitze machten aus dem Beleuchteten einen Erleuchteten. Heute fährt der gestresste Schuhbeck brav 50.

Johann Lafer hat sich vor fünf Jahren einen Lebenstraum erfüllt und einen Hubschrauber gekauft. Bei schönem Wetter fliegt er manchmal den Rhein rauf und

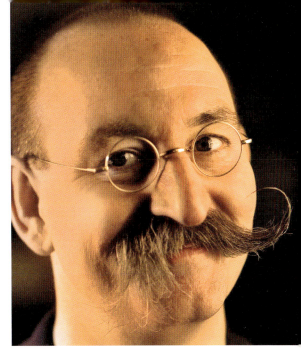

runter. Oder er landet bei einem Freund im Vorgarten, »um einen schönen Braunen zu trinken«. Wenn er dann eine Stunde später wieder auf seiner Stromburg einschwebt, geht's ihm besser: »Ich habe da etwas gefunden, bei dem ich wirklich loslassen kann. Das ist so anders, dass ich manchmal vollkommen vergesse, was ich beruflich eigentlich mache. Ich bin dann Pilot. Erst wenn ich lande, fällt mir wieder ein: Mensch, Lafer, du bist ja Koch!« Die Formel lautet: In die Luft *gehen*, um wieder Luft zu *holen*.

Tim Mälzer, der verletzliche Koch-Anarcho, sammelt wie besessen Kochbücher. Neulich hat er sich Tausende Exemplare auf einmal gekauft – ersteigert bei eBay. »Ich will eine Kochbibliothek aufbauen, 5000 habe ich schon!« – er ist stolz wie Bolle. Auch er fährt leidenschaftlich Auto. Manchmal kurvt er einfach nur in seinem Ford Mustang von 1968 durch die Stadt, eine Stunde später stürzt er sich hoch über Hamburg an einem Fallschirm aus dem Flugzeug. »Köche sind wie Torhüter: Sie sind Teil der Mannschaft – aber der extreme Teil.«

Wen er vor Augen hat, wenn er solche Vergleiche zieht, ist offensichtlich.

Extrem – das heißt vor allem: extrem allein. »Auf Sterneköchen wie Lafer oder Schuhbeck lastet ein irrer Druck. Das macht auf eine gewisse Art und Weise einsam.« Mälzer weiß von einem Hamburger Küchenchef, der morgens vor der Arbeit vier Stunden mit dem Fahrrad durch die Stadt hetzt – als Kurierfahrer! »Das macht der nicht, weil er Geld braucht. Dafür ist er viel zu erfolgreich. Nein, der macht das, weil er so unter Menschen kommt, Gespräche führen kann, frische Luft atmen kann. Du hast als Koch ja kaum soziale Kontakte.« Dass einer dann auf die Idee kommt, für Geld Fahrrad zu fahren, verbucht Mälzer unter »ich-bezogene Sachen.« Hubschrauber fliegen, Ferrari fahren, Oldtimer sammeln – es gehört alles dazu. Kochen hat viel mit Ego zu tun.

Wenn Horst Lichter nicht mehr kann, dann setzt er sich in seinen uralten Klapper-Bus, einen Setra S6 von 1958, und fährt über Land. Links das qualmende Monster-Kraftwerk von Niederaußem, rechts blühende Rapsfelder, dazwischen er in seinem babyblauen Bus. Unterwegs nimmt er jeden mit, der einsteigen möchte. Und dann winken sie alle, und lachen sie alle, und es sieht so unfassbar kitschig aus, dass man Angst hat, sie werden in ihrem Bus gleich live von Gotthilf Fischer in den Musikantenstadl entführt. Und man weiß nicht, was im Zweifel schlimmer für sie wäre: der Stadl, der Gotthilf oder die Frisur vom Gotthilf. »Wenn du mit diesem Bus fährst, ist das wie eine Zeitmaschine«, sagt Lichter. Dann macht er WDR 4 an, den Oldiesender, und es ist alles so wie damals: Man drückte sich die Pickel aus und sah so aus wie Peter Kraus. Manchmal fahren sie mit dem Bus zu Formel-1-Rennen am Nürburgring, kriechen im ersten Gang und mit einem solchen Höllenqualm die Eifel hoch, dass man noch zwei Tage später sehen kann, wo sie langgefahren sind: »Der Bus wird ja schon langsamer, bevor du den Berg überhaupt erkennst.« Und dann

Hummerquetschdingenda

stiehlt der kleine Lichter all den Reichen mit ihren teuren Klamotten und Renn-Ferraris mit Ersatzreifen und Privatmechaniker die Show. Denn er hat etwas viel Besseres dabei: lecker Schinken, lecker Süppchen, lecker Brot. »Da sind die ganz verrückt nach! Und das zeigt mir, dass in der Welt der Reichen so etwas vermisst wird. Die finden doch in Wahrheit ein ehrliches Stück Brot viel besser als so'n kaltes Hummerquetschdingenda.«

Oberflächlich betrachtet sind diese gemütlichen Bustouren die originellste Art von Essen auf Rädern. Für Lichter ist es ein fahrender Genesungsprozess für Leib *und* Seele. Denn der zuckelnde, juckelnde Bus entschleunigt ihn, bremst ihn runter. Und er *lässt* sich ausbremsen, weil er weiß, dass sonst die Gefahr groß ist, sich erst zu verheizen und dann zu verglühen. »Ich sag dem Horst immer, geh nicht zur Eröffnung einer jeden Telefonzelle!«, poltert Alfons Schuhbeck los, wenn man

ihn darauf anspricht. »Als Koch musst du dafür sorgen, dass die Seele rund läuft. Ohne gesunde Seele läuft in diesem Beruf nichts.« Darauf zu achten, fällt den gastronomischen Spitzenkräften unendlich schwer.

Einer wie Johann Lafer ist ein Lebensmittel-Fanatiker, der 15 Stunden täglich, sieben Tage die Woche arbeitet. Dazwischen gönnt er sich genau drei Wochen Urlaub: zwei im Sommer, eine im Winter. Das macht er seit Jahren so. Und das machen auch die anderen so. Nur einer ist mal ausgestiegen aus dem Hamsterrad, das sich immer schneller drehte: Tim Mälzer konnte irgendwann nicht mehr. Akku leer, Kopf leer – er hatte fertig. »Ich fühlte mich damals wie nach einem Marathonlauf, und zwar rund um die Uhr. Ich bin total erschöpft eingeschlafen und danach fast genauso erschöpft wieder aufgewacht. Ich war 24 Stunden am Tag erschöpft und habe nur noch über Extreme funktioniert: je mehr Belastung, desto besser. Denn nur dadurch bin ich überhaupt wieder in Gang gekommen. Wenn ich mal einen Acht-Stunden-Tag hatte, kam ich nach Hause und hatte ein schlechtes Gewissen. Es war alles so krank!«

Sechs Wochen lang ist er damals offiziell ausgestiegen, hat Termine, Fernsehauftritte und all den anderen Kram abgesagt, der öffentlichen Menschen wie ihm oft zugemutet wird und den sie sich – öfter noch – selbst zumuten, weil ihr wahrer Fetisch Bedeutsamkeit und Besonderheit heißt. Mälzer hat sich einfach verweigert und lief monatelang über keinen roten Teppich mehr, weil er gemerkt hatte, wie schnell aus dem roten ein fliegender wird, auf dem es alles gibt – nur eines nicht: eine Landeerlaubnis in der Normalität. Denn die, die mitfliegen, *wollen* dort gar nicht landen. Weil sie mit den Spießern und deren Welt, in der es Kännchen nur draußen und Lachs nur von Aldi gibt, nichts zu tun haben wollen. Und weil sie so wahnsinnig gut drauf sind, obwohl sie oft so versteinert gucken. In ihrer

Welt kann man Gesichtslähmung kaufen. Botox heißt das giftige Zeug, das sich alternde Societyladys in die Stirn spritzen, um sich gegenseitig noch älter aussehen zu lassen. Mälzer wollte runter von diesem Teppich, um endlich mal wieder den Boden zu spüren, der sich darunter verbirgt.

Die Wahrheit ist: Er ist nicht nur ausgestiegen – er ist nie wieder eingestiegen. Nimmt sich regelmäßig Auszeiten, hat sich ein Haus auf dem Land gemietet, ganz oben im Norden, nicht weit von Flensburg. Da, wo Leuchtturmwärter von Touristen schon mal gefragt werden, ob sie nicht chronisch unterfordert seien, weil sie schließlich ja nur abends einmal das Licht anmachen müssten. Und wo die dann verächtlich zurückbrummen: »Nö, ich muss es ja auch morgens wieder ausmachen.« So entspannt ist Mälzer noch nicht, wird er auch nie sein. Trotzdem sagt er heute Dinge, die ganz und gar untypisch sind für einen wie ihn: »Meine eigentliche Lebensleistung besteht darin, dass ich es geschafft habe, meine Freunde zu behalten. Wirkliche Freunde halten es aus, dass sie dich zehnmal einladen – und du zehnmal nicht kommst. Beim elften Mal laden sie dich trotzdem wieder ein.« Es war, es ist ein Lernprozess, der wohl noch länger dauern wird. »Ich habe immer noch einen 14-Stunden-Tag. Der Unterschied zu früher ist: Ich glorifiziere ihn nicht mehr.« Natürlich muss er zugeben, dass ihm dieses Zweiflerische und dieser selbstzerstörerische Perfektionismus immer wieder in die Quere kommen. »Das ist eine Schwachstelle von mir – von Horst noch mehr. Wenn der keine Zeit hat, in seinem Laden zu kochen, dann macht er ihn zu. Eigentlich heißt das ja, dass er keinem anderen vertraut. Ich selbst habe schmerzhaft lernen müssen, mich von Zeit zu Zeit zu bremsen und Arbeit abzugeben.«

Das geht so weit, dass er manchmal gar nicht zum Dienst erscheint. Etwa dann, wenn er weiß, dass Lafer und Lichter in der Stadt sind. Statt in seinem Restaurant am Herd zu stehen, bekocht er lieber die beiden bei sich zu Hause. Bis morgens um vier sitzen sie dann manchmal zusammen und plaudern. Mälzer macht das, weil sie seine Freunde sind. Und Freunde werden in seinem Leben immer wichtiger. »Im Nachhinein war die Krise das Beste, was mir passieren konnte. Vorher habe ich mich einfach zu sehr über das definiert, was ich mache, und nicht über das, was ich bin«, sagt er heute.

Dass Horst Lichter so sehr an seine Grenzen geht, hat andere Gründe. Er ist der Krisenherd der gehobenen Küche: So viel Krise wie er hatte keiner. Und dennoch hat er sie begriffen als das, was sie im ursprünglichen Wortsinn ist: »Krisis«, die »entscheidende Wendung« – so verstanden es die alten Griechen. Lichter hat das Konstruktive, das in diesem Begriff *auch* steckt, instinktsicher erfasst und es auf fast schon geniale Weise für sich genutzt. »Das hat mit seiner Krankheit zu tun«, glaubt

Er plant nur von Tag zu Tag – nicht weiter

Markus Heidemanns. Er ist der Mann hinter dem Fernsehstar Johannes B. Kerner, derjenige, der Lichters Kochshow erfunden hat. »Horst ist auf eine nicht devote Art und Weise demütig: Er plant nur von Tag zu Tag – nicht weiter. Dieser Mensch sagt auf eine supernette Art und Weise danke. So, wie es nur ganz wenige meinen: aufrichtig. Und zwar nicht, um beim nächsten Mal etwas zu kriegen, nein, einfach so.«

Lichter weiß um die Einmaligkeit dieser Chance – und legt sich deshalb um so mehr ins Zeug. Manchmal liegt er im Bett, und dabei tut ihm seine Pumpe dermaßen weh, dass er davon wach wird. »Leck mich am Arsch, du bist ein alter Mann«, denkt er dann. In seinen ganz ehrlichen Momenten gibt er zu, dass er höchstens noch fünf Jahre durchhält. »Ich merke ja, was mit mir passiert. Die Gluthitze am Kohleofen macht meine Augen kaputt – alte Stahlarbeiterkrankheit. Ich sehe immer weniger, ich habe Gicht, ich habe Arthrose in den Gelenken, ich mache das jetzt seit 18 Jahren – lange geht das nicht mehr.« Er hat schon reagiert und öffnet neuerdings nur noch an drei Abenden in der Woche. Nach den harten Aufbaujahren versucht er jetzt, die Seele öfter mal »rund laufen zu lassen«, wie Schuhbeck es ausdrückt.

Dass Lichter seiner Seele früher womöglich nicht den Raum gegeben hat, den sie braucht, halten auch nüchterne Wissenschaftler für wahrscheinlich. Dr. Hans-Joachim Majunke, der Arzt, der ihn nach seinem zweiten Zusammenbruch in der

Brikettfabrik immer wieder untersucht und große Teile der bizarren Krankengeschichte seines Patienten Horst Lichter auf Mikrofilm dokumentiert hat, sagt: »Die Psyche hat das Krankheitsbild im Fall Lichter stark beeinflusst, das wird in nahezu allen Befunden ausdrücklich erwähnt.«

Der Patient hat daraus gelernt und sein damaliges Leben so radikal anders gestaltet, wie es nur wenige können. Hat dafür Konventionen über den Haufen geworfen – und einen sicheren Job geschmissen. Hat Tabus gebrochen – und seine unglückliche Ehe beendet. »Damals gab es in der ganzen Verwandtschaft, Nachbarschaft keinen, der sich scheiden ließ. Man lebte in einem Kompromiss. Irgendwann fing ich an, mich umzusehen. Ich kriegte mit, wie die Männer auf Kegeltour fuhren. Ich kriegte mit, wie die Frauen auf Kegeltour fuhren. Und dann waren sie alle ganz lieb, haben abends höchstens ein Bierchen getrunken und ihren Schatz vermisst.« Wer jemals Bilder des bumsfidelen Rahmenprogramms gesehen hat, das in einschlägigen Einrichtungen geboten wird, ahnt, was er meint.

Auch bei seinem Besuch im Kloster wird deutlich, was er gelernt hat, damals, als er sein Vollkasko-Leben endgültig aufgab. Lichter besitzt eine Eigenschaft, die in der glitzernden Showwelt äußerst wertvoll ist: Er ist unaufgeregt. Trotz seines randvollen Terminkalenders ist er keiner von diesen Supergestressten, diesen Süchtigen, die irgendwann so besoffen sind von der eigenen Arbeit, dass sie nicht mehr begreifen, dass die Abwesenheit von Gallensteinen das Leben immer noch deutlich besser macht als die Abwesenheit eines Nokia Hastenichtgesehen. Die Chorherren erzählen, dass solche Typen in der Stille des Klosters regelmäßig die Wände hochgehen. Sie brauchen ihre Droge namens Handy, sie brauchen ihr Internet, sie sind immer drauf, sie sind immer dran. Lichter nicht. Er kann auch

ohne. Natürlich hat er einen Riesenfernseher, zu Hause in seinem Schlafzimmer in Rommerskirchen, und zwar so groß und fett, dass man kurz davor ist zu fragen, ob man vielleicht zunimmt, wenn man zu lange reinguckt. Hier gibt es keinen. Er braucht auch keinen. Geht um neun ins Bett, steht um sieben auf, liest stundenlang in seinem neuen Buch »Hannibal Rising«, in dem es um die Kindheit des berühmtesten Serienmörders der Filmgeschichte geht: Hannibal Lecter. Das »Schweigen der Lämmer« gegen das Schweigen im Kloster. Klingt gewagt, wird sich aber wenig später auf fast schon kongeniale Weise fügen – wie so vieles im Leben des Horst Lichter.

Am zweiten Tag unseres Besuchs lädt uns der Prälat, Georg Untergaßmair, in den Konvent ein: Mittagessen mit den Chorherren. Wir sind überrascht! Denn damit setzt der Abt vorübergehend eine der wichtigsten klösterlichen Regeln außer Kraft: Nicht-Ordensmitglieder dürfen den Konvent normalerweise unter keinen

Umständen betreten. Selbst die Schüler des Internats kriegen diese Räume nie zu sehen, egal, ob sie drei, fünf oder acht Jahre im Kloster bleiben. Aber was ist schon normal, wenn einer wie Lichter kommt? Es ist faszinierend zu beobachten, wie er auf Menschen zugeht. Oft reicht schon ein einziger Blick, um das Eis zu brechen. Dann reißt er die Augen weit auf, spitzt seinen Mund, und dann geht der Schnäuzer in seinem Gesicht plötzlich auf Wanderschaft: von links nach rechts, von unten nach oben – und spätestens dann, wenn er wieder auf dem Weg nach unten ist, hat er sie: Sie lachen!

Wir sollen zehn Minuten eher da sein, denn Schlag zwölf beginnt in der Privatkapelle der Chorherren die Hore. Dreimal täglich treffen sie sich, um gemeinsam das alte lateinische Stundengebet zu sprechen. Wir knien in harten, engen Holzbänken. Es ist ein karger Raum, in dem offenbar nichts von dem fast raumhohen Kreuz ablenken soll, das vor uns an der Wand hängt. Es ist der intimste Moment der Reise: keine Gespräche, keine Ablenkung, kein Staunen über die sonst allgegenwärtigen mittelalterlichen Schätze. Stattdessen nur die monotonen lateinischen Gebete und Gesänge. Sie sind acht an diesem Tag und beten ernsthaft, konzentriert und ziemlich rasant. Die Seiten in den alten Büchern scheinen fast zu fliegen, man kann ihnen ansehen, dass sie schon durch viele Hände gegangen sind. Was wir erleben, ist so etwas wie fromme Routine. Auch Beten ist in gewisser Weise Handwerk, es will gekonnt sein. Und wir beobachten gerade Meister ihres Fachs bei der »Arbeit«.

Mittagessen im alten Speisesaal. Alter Parkettboden, alte

Holzvertäfelung und ein alter Meister. An der Wand hängt das größte Ölgemälde der damaligen Zeit. Mitte des 16. Jahrhunderts hat Stefan Kessler diese Abendmahlszene gemalt und dafür im größeren Stil Farben kaufen müssen: Das Werk ist mehr als 12 Meter breit. Noch einmal ein kurzes Gebet, dann trägt Burgl, die kleine Haushälterin mit dem lustigen Gesicht, Essen auf. Sie ist die einzige Frau, die sich im Inneren des Konvents aufhalten darf. Es gibt Milzschnittensuppe, danach Bratwurst mit Spätzle und Salat. »Möchten Sie etwas Wein aus unserer Klosterkellerei?« Lichter lehnt ab, er trinkt kaum Alkohol. Interessiert sich stattdessen für die alte Bibliothek. Es ist eine unglaubliche Sammlung! Fast 40 000 Bücher, darunter Exemplare von unschätzbarem Wert, genauso wie alte Karl-May-Schinken. Vor allem die dicken Wälzer aus Pergament faszinieren ihn: jedes Blatt – ein

Lamm! »Die haben auf Lammhäute geschrieben?« Haben sie. Und je größer das Blatt, desto größer das Schaf. In manchen Büchern, das lässt sich leicht nachzählen, haben die mittelalterlichen Schreiber ganze Schafherden verarbeitet. »Irre! Das muss ich unbedingt Johann erzählen, dass es Bücher gibt, die nicht für Vegetarier geeignet sind.« Dann erlaubt er sich noch die Bemerkung, dass er für seinen Laden in Rommerskirchen schon seit längerem einen Beichtstuhl suche: »Die haben doch so viele davon.«

Geht mal wieder auf keine Kuhhaut, der Lichter, trotzdem spüren sie, dass stimmt, was Johann Lafer über ihn sagt: »Der ist nicht nur vordergründig herzlich, er ist es wirklich.« Alfons Schuhbeck nennt es »einen guten geistigen Geruch«, den Lichter hat, »du kriegst kein Sodbrennen, wenn du den anschaust.« Den geistigen Geruch verströmt er tatsächlich, und was immer es sein mag, das er da ausdünstet – er muss Lockstoffe beigemischt haben! Wo er auftaucht, egal, ob bei Klosterangestellten oder bei im Rudel reisenden Rentnern, die aus Bussen klettern, spielen sich immer wieder die gleichen Szenen ab: Sie umlagern ihn, suchen seine Nähe. Dass er der lustige Koch aus dem Fernsehen ist, der jeden Samstag bei ihnen im Wohnzimmer vorbeischaut und der nun genauso lustig und leibhaftig vor ihnen steht, ist nur der vordergründige Anlass: »Kocht der Lafer denn besser als der Schuhbeck?«, wollen sie wissen. Doch fast unverhohlen neugierig fragen sie ihn auch nach seinem Leben. Und vor allem: nach seinen Krisen. Denn die Krisen des Horst Lichter erzählen viel über die Risiken und Nebenwirkungen, die Leben mit sich bringt. Und mindestens ebenso viel über die Chancen, die darin stecken.

Irgendwann, es ist schon spät am Abend, setzt er sich dann hin und berichtet am Kamin zum ersten Mal, was ihm wirklich widerfahren ist, in seinem ersten Leben. Wie er fast gestorben wäre, nicht nur einmal. Wie ihn fast alle abgeschrieben haben, zuerst auf der Intensivstation und danach sowieso. Es ist eine Geschich-

te, von der Johannes B. Kerner sagt: »All diese Spitzenköche haben wahnsinnige Geschichten zu erzählen, die von Horst Lichter ist zugegebenermaßen die wahnsinnigste. Wenn du für die Vorbereitung einer Sendung ein Exposé über den liest, dann ertappst du dich dabei, wie du ab Seite vier pausenlos den Kopf schüttelst. Es wirkt so, als seien das die Lebensgeschichten von fünf verschiedenen Menschen, gepresst in eine einzige. Wenn er über die damalige Zeit redet, dann tut er das mit einer merkwürdigen Distanz. Es ist ihm nahe, es *geht* ihm auch nahe, das kann ich manchmal auch in seinen Augen sehen. Aber in der Art und Weise, wie er redet, schafft er eine große Distanz. Und wenn er Gefahr läuft, diese Distanz zu verlieren, dann rettet er sich über einen Witz. Ob er das wirklich verarbeitet hat? Ich weiß es nicht.«

Zusammenbruch
Oder: Zweimal tot und doch am Leben

> **»Tod ist etwas, was ganz fest zum Leben gehört, was Meganormales.**

Alles wächst, alles blüht, alles stirbt. Und jeder weiß: Er lebt darauf hin, dass er stirbt.« Meganormal. Lichter lächelt, wenn er solche Sätze formuliert, und er redet mit einer Leichtigkeit darüber, die nur einer haben kann, der schon mal so weit geguckt hat wie er: bis zum lieben Gott. Zumindest war es nicht mehr weit, so was wie Umrisse waren schon zu sehen. Es war ziemlich knapp damals, Löffel abgeben heißt das in seiner, der Kochsprache. Dabei hatte es ganz unspektakulär begonnen, mit einem vermeintlich harmlosen Intermezzo im Krankenhaus. Doch das entpuppte sich nur wenig später als unheilvolle Fortsetzung einer Serie von Schicksalsschlägen, die mit dem Tod seiner kleinen Tochter begonnen hatte und an deren Ende nichts mehr so sein sollte, wie es mal war.

»Die müssen raus!« Das Urteil der Ärzte ist eindeutig gewesen. Jetzt liegt er also da, in diesem tristen Zimmer, ohne Mandeln, dafür hat er höllische Halsschmerzen. Es ist eines dieser Zimmer, die er bestens kennt. Hier hat er schon mal gelegen, damals, mit seinem kaputten Brustwirbel. Zehn lange Monate hat er in einem

Gipsbett verbracht, fast fünfzehn Jahre ist das jetzt her. Und nun die Mandeln. Es ist wieder das Krankenhaus in Grevenbroich, und sein Zimmer ist wieder so, wie Horst Schlämmer aussieht: ziemlich grau. Nein, das Wellness-de-luxe-Paket hat er auch diesmal nicht gebucht, es ist eher wie das Supersparmenü bei McDonald's: kleiner Fernseher, mittlere Unterbringung, dazu eine große Portion Frust – ohne Ketchup. Wenigstens gibt's um die Ecke ein kleines Kino, da darf er ab und zu mal hin.

Ein schöner, gemütlicher Sonntag, für heute haben sich die Eltern angekündigt. Es ist schon später Nachmittag, als die beiden endlich kommen. Und wie sie da so in der Tür stehen, sieht er sofort: Dem Vater geht's nicht gut. Er habe sich irgendwas eingefangen, murmelt er, könnte auch eine Grippe sein, wer weiß das schon so genau. Und noch etwas spürt der Sohn: Die Mutter scheint sich Sorgen zu machen. Seit 28 Jahren sind die beiden jetzt verheiratet, sie kennen sich in- und auswendig. Deshalb ist es auch nicht so sehr der Zustand ihres Mannes, der sie beunruhigt. Nein, es ist etwas anderes. Er hat ihr kurz vorher diese merkwürdige Frage gestellt: »Frau, fährst du?« Das wollte was heißen! Wenn er sie schon freiwillig hinters Steuer ließ, dann musste er wirklich übel dran sein.

Wenig später ist es dann erneut der Sohn, der etwas seltsam Ungewohntes wahrnimmt: einen beißenden, stechenden Geruch. »Bei der Verabschiedung streichelte er mir über den Kopf, obwohl er wusste, dass ich das hasste! Er gab mir sogar einen Kuss. Und als er näher kam, hatte ich das Gefühl, er riecht unglaublich! Ja, mein Vater hat richtig gestunken! Kein Mundgeruch oder so, er hat einfach total gerochen. Ich hab mich darüber fürchterlich erschrocken, denn das kannte ich von ihm nicht. Mein Vater war ein sehr reinlicher Mensch.« Als sie kurz darauf gehen, ahnt er nichts von der Nachricht, die ihn keine 24 Stunden später erreichen wird.

Ja, mein Vater hat richtig gestunken!

Es ist der Tag der Merkwürdigkeiten, es bleibt der Tag der Merkwürdigkeiten. Nachdem die Eltern das Krankenhaus verlassen haben, fahren sie nicht zurück nach Rommerskirchen, sondern gehen, entgegen allen Gepflogenheiten im Hause Lichter, essen. Es ist für beide das allererste Mal! Noch nie in ihrer Ehe, nicht ein einziges Mal, haben sie sich so ein teures Abendessen außer der Reihe gegönnt. Margaret Lichter kriegt noch heute feuchte Augen, wenn sie davon erzählt, wie sie damals gewagt haben, ein Steakhouse in Grevenbroich zu betreten. Total verrückt! »Wir sind tatsächlich in einem Schteekhaus gegangen.« Und es ist höchst amüsant sich vorzustellen, wie sie ihn, den gutmütigen Toni, mit ihrer resoluten Art und sanftem Druck dazu gebracht hat. »Er sagte noch: ›Frau, meinste denn, wir können uns das überhaupt erlauben?‹ Und ich sagte: ›Wer weiß, wie lange wir das noch können.‹« Als dann die Rechnung kommt, wird er blass: 62 Mark und 40 Pfennige! Als er seine Schnappatmung wieder einigermaßen im Griff hat, japst er:

»Frau, stell dir mal vor, wie lange du hättest kochen können für 62,40.« Am nächsten Tag ist er tot. Herzinfarkt mit 56 Jahren.

Trotz der merkwürdigen Beobachtungen, die Mutter und Sohn tags zuvor gemacht haben, ist die Nachricht ein Schock. Denn aus medizinischer Sicht hat nichts darauf hingedeutet, im Gegenteil: Kurz davor hatte eine Ärztin Toni Lichter ironischerweise noch bescheinigt, dass er viel zu jung und viel zu gesund sei für die Frührente. Er könne locker bis 65 arbeiten, hatte sie gemeint. Horst Lichter ist gerade in dem kleinen Kino um die Ecke des Krankenhauses, als er ausgerufen wird. »Als ich zurückkam, saßen da zwei Ärzte und eröffneten mir: ›Ihre Mutter hat angerufen, Sie möchten bitte sofort nach Hause kommen. Ihr Vater ist gestorben.‹ Ich dachte, wat? Wat?« Er fährt mit dem Taxi nach Hause, irgendjemand macht die Tür auf, da stehen sie alle: seine Frau, die Schwiegereltern, der Bruder, die Mutter. Sie weint. »Ich bin sofort nach oben ins Schlafzimmer gestürzt, und da lag Papa dann. Er lag so ruhig und friedlich auf seinem Bett und

sah dabei so gut aus, dass ich lange gebraucht habe, um zu begreifen, dass er wirklich tot ist.« Später schildert ihm die Mutter, was am Abend davor passiert ist: Toni hatte sich wegen seiner Grippe ins Bett gelegt, sie hat ihm noch ein Brot hochgebracht, er hat es im Bett gegessen. Dann ist er einfach eingeschlafen und im Schlaf von dem tödlichen Infarkt überrascht worden. Es ist alles so unfassbar!

Richard Lenzen kommt. Er wohnt um die Ecke und war einer der besten Freunde, die Toni hatte. Er ist es, der den frisch operierten Horst wenig später zurück ins Krankenhaus nach Grevenbroich fährt, die Ärzte wollen ihn noch ein paar Tage dabehalten. »Wir fuhren nebeneinander her und sprachen während der ganzen Fahrt kein einziges Wort«, erinnert sich Lenzen. »Manche Menschen kann man in so einem Moment mit Worten trösten, bei anderen hält man lieber sein Maul. Horst war sehr, sehr still. Ich glaube, den hat das sehr getroffen, denn die beiden hatten ein inniges Verhältnis.«

Es ist Lichters zweite unmittelbare Begegnung mit dem Tod. Beide treffen sie ihn mit voller Wucht und bis ins Mark, denn beide haben sie dieses böse Überraschungsmoment, das er bisher nur aus Todesanzeigen gekannt hat: »Plötzlich und unerwartet«, heißt es da immer, wenn der Tod in der Art eines Heckenschützen daherkommt, aus dem Hinterhalt, ohne Mitleid, ohne Skrupel. »Zuerst die Kleine, dann der Vater. Ich hatte mit dem gemault, ich hatte mit dem Spaß gehabt. Und plötzlich war er nicht mehr da.« Mehr noch als Trauer empfindet er Mitleid. »Mir hat dieser Mensch so unfassbar leid getan. Er und meine Mutter hatten in ihrem Leben nie was für sich gehabt, Scheiße noch mal! Dabei war ja endlich mal alles gut: Mein Bruder hatte angefangen zu studieren, ich stand auf eigenen Füßen, und die beiden hatten endlich mal Zeit füreinander. Die waren zu dem Zeitpunkt noch

Mehr noch als Trauer empfindet er Mitleid

nie im Urlaub gewesen, nie in den Bergen, nie am Meer, nirgendwo, außer in der Scheißeifel! Papa hatte sich endlich eine Vespa gekauft, eine 200er, war stolz wie Oskar gewesen. Und er hatte angefangen, einen Gartenteich auszubuddeln. Lauter Dinge, die in seinen Augen völlig unnötig waren, aber er hat es endlich mal gemacht, er war endlich mal zufrieden – und dann stirbt er.«

Gut möglich, dass dieses Ereignis für Lichter der erste Zündungsmoment war, den er brauchte, um sein Leben radikal umzukrempeln und – so ganz anders als der Vater – fast nur noch Dinge zu tun, die auf den ersten Blick ziemlich unnötig sind. Der zweite folgte nur wenig später.

Er macht erst einmal weiter wie immer, auch wenn es hin und wieder schwerfällt: »Ich vermisste meinen Vater. Und seltsamerweise vermisste ich ihn immer mehr, je älter ich wurde. Vor allem dann, wenn ich vor wichtigen Entscheidungen stand. Ich würde ihn auch heute manchmal gerne um Rat fragen, wissen, was er über bestimmte Dinge denkt. Ich glaube, Eltern sind die besten Ratgeber, die ein Mensch haben kann. Weil sie die einzigen sind, die einfach so helfen, ohne Kalkül. Sie knüpfen an ihre Liebe keine Bedingungen.« Vor allem in der glitzernden Fernsehwelt ist das unendlich wertvoll.

Lichter läuft und läuft und läuft. Geht auf Schicht, geht auf den Schrottplatz, geht nach Hause und geht, irgendwie, auch vor die Hunde. »Ich bin einfach nicht wach geworden. Ich habe das alles einfach weiter durchgezogen. Ich dachte, ich bin auf der richtigen Spur, und bin in Wahrheit mit Vollgas in den Graben gefahren. Ich habe malocht, habe nebenbei gearbeitet und mich geschämt, wenn ich mal ein bisschen Spaß hatte. Und dann kam, fast übergangslos, der Moment, in dem ich richtig krank wurde.«

Er selbst hat keine genaue Erinnerung mehr daran, wann es war: »Irgendwann im Sommer.« Der Tag, an dem es passierte, steht heute nur noch im Kleingedruckten. Das Datum wurde präzise und in so feinen Lettern auf Mikrofilm gebannt, dass es kaum noch lesbar ist, ultraviolette Strahlen haben über die Jahre den Rest besorgt. Trotzdem lässt es sich zweifelsfrei entziffern: 11. August 1988. Ja, es lässt sich nicht nur rekonstruieren, *wann* es war, sondern auch, *wie* es war: 25 Grad, teils sonnig, so steht es im Wetterbericht von damals. Das Wann, das Wie – schnell geklärt. Aber: *Was* war es? Das Was – es ist das große Rätsel in Horst Lichters Krankenakte.

Ihm geht es an diesem 11. August wie dem Wetter: teils, teils. Er fühlt sich nicht besonders. Tags zuvor hat ihn irgendein Insekt gestochen, eigentlich eine Lappalie, wenn er nicht Allergiker wäre. Und wenn nicht diese Infektion dazugekommen wäre. Es ist der linke Oberarm. Er tut höllisch weh, die Einstichstelle ist hochrot und stark geschwollen, faustgroß, ein richtig dickes Ei! Dabei geht's ihm heute schon wieder besser. Der Tag davor ist schlimm gewesen! Da hat er die Schmerzen irgendwann nicht mehr ausgehalten und ist sogar freiwillig ins Krankenhaus gefahren. Hatte Fieber, Schweißausbrüche. Doch heute? Alles halb so wild. Nur dieser geschwollene Lymphknoten in der Achselhöhle macht ihm Sorgen. Was hat der bloß zu bedeuten? »Nichts, rein gar nichts, Herr Lichter«, hat ihn der Arzt gestern noch beruhigt, »den kriegen wir ganz schnell in den Griff, verschwindet wieder.« Doch das Ei ist immer noch da. Noch mal ins Krankenhaus? Nee, lass mal. Er wischt seine letzten Zweifel beiseite – dann ruft er seinen Freund Albert Nicolin an.

Sie haben sich beide frei genommen und wollen den schönen Nachmittag nutzen, um sich mal wieder ein paar Motorräder anzusehen. Nur selber fahren will Lichter heute nicht, nein, es geht ihm irgendwie noch mies. Was er nicht weiß: Obwohl der Arzt die Wunde gründlich gereinigt und versorgt hat, ist die verhängnisvolle Kettenreaktion, die die Ärzte in solchen Fällen am meisten fürchten, längst

im Gange. »Beginnende Sepsis« wird es später im Protokoll heißen: Blutvergiftung! Über die Einstichstelle sind Bakterien in die Blutbahn gelangt, und sie sind längst dabei, sich unkontrolliert zu vermehren. Lichter ahnt von alledem nichts.

Er schaut sich mit seinem Freund Nicolin in aller Seelenruhe ne Menge altes Zeugs an, alte Autos, alte Mopeds, lauter alte Klapperkisten, die sie so gerne zu Hause im Keller aufmotzen. Dann, auf dem Rückweg, überstürzen sich plötzlich die Ereignisse. Und heute wie damals ist den beteiligten Ärzten nicht wirklich klar, welche Kettenreaktion im Körper ihres Patienten Horst Lichter abgelaufen ist. Sie wissen nur, dass sich etwas Dramatisches ereignet hat. Etwas Lebensbedrohendes. Die Medizin hat für solche Fälle spezielle Wörter reserviert: »Ereignis«. Oder »Störung«. Oder auch nur »Verdacht«.

Das »Ereignis« beginnt mit rasenden Kopfschmerzen. Und an der Art und Weise, wie es losgeht, merkt Lichter schnell, dass sich da etwas zusammenbraut, was er noch nicht kennt. Es sind andere Schmerzen als die, die er gelegentlich hat: viel aggressiver, viel dröhnender. »Ich sagte noch zu Albert, ich kann nicht mehr. Bring mich bitte zurück, mir ist so irre schlecht.« Es ist vor allem die rechte Kopfseite, die schmerzt, und mit jedem Herzschlag pocht es in seinem Schädel noch etwas mehr. Nicolin gibt Gas. »Ich konnte ihm ansehen, wie es ihm von Minute zu Minute schlechter ging.« Als sie zu Hause ankommen, ist Lichter schon nicht mehr in der Lage, selbst auszusteigen. Es muss für seine Familie, Christine und Christopher, ein trauriger Anblick gewesen sein, das weiß er: »Ich war kreidebleich und habe krampfhaft versucht, irgendwie bei Bewusstsein zu bleiben.« Christine und Nicolin wuchten ihn aus dem Auto, legen ihn ins Bett, dann rufen sie den Notarzt. Und – weil sie ihre Praxis gleich um die Ecke hat – auch Gertrud Schilke, die Dorfärztin. Vor allem dieser zweite Anruf wird sich wenig später als wertvoll erweisen, denn gerade eben hat – ohne dass es den Beteiligten klar wäre – ein Wettlauf gegen die Zeit begonnen. Es geht um Minuten.

Lichter wird immer apathischer. Was aber am beunruhigendsten ist: Er ist mit einem Mal nicht mehr in der Lage, deutlich zu sprechen. Nuschelt nur noch. »Tut mir bitte einen Gefallen, lasst mich einfach schlafen«, murmelt er vor sich hin, dann wird es in seinem Kopf langsam dunkel, und es hämmert wie wahnsinnig, hämmert immer weiter!

Nur ein paar Häuser weiter ist seine Mutter zur selben Zeit im Vollstress. Sie kocht Bohnen ein. Macht sie leidenschaftlich gern, ein lieb gewonnenes Ritual aus den 60ern, in denen das halb Deutschland machte – natürlich die weibliche Hälfte. Dass Christine irgendwann losrennt, um auch sie zu holen, ist wohl weniger Ausdruck ihrer Hilflosigkeit als vielmehr ihrer tiefen Besorgnis: »Da ist was mit Horst!« Als die Mutter ankommt, liegt ihr Sohn in einem abgedunkelten Zimmer, die Augen halb geschlossen starrt er vor sich hin und reagiert nicht mehr: »Das war für uns alle ein Schock, vor allem der Kleine hat nicht verstanden, was da gerade mit seinem Papa passiert.«

Da ist was mit Horst!

Dann, endlich, hält vor dem Haus ein roter BMW: Dr. Schilke! »Christine Lichter, eigentlich eine besonnene und ruhige Frau, hatte am Telefon sehr aufgeregt geklungen und gerufen, mein Mann atmet nicht mehr! Mir war klar, dass etwas Außergewöhnliches passiert sein musste.« Eigentlich hatte die Gemeindeärztin längst unterwegs sein wollen zu Hausbesuchen. Christines Anruf erreichte sie genau in dem Moment, als sie die Praxis verlassen wollte. »Es war unglaubliches Glück, dass ich noch da war. Dadurch haben wir wertvolle Zeit gewonnen.« Es ist jetzt kurz vor zwei, heller Nachmittag, draußen scheint die Sonne.

Lichter wird später über diese dramatischen Minuten Erstaunliches berichten. Er hat sie alle gesehen: seine Frau, seinen Freund Albert, die Mutter. Und er hat alles gehört: Wie Dr. Schilke sein Zimmer betrat und wie der Kleine leise vor sich hinweinte. »Immer wieder ging diese Tür auf, und dann kam der Nächste an mein Bett und fragte mich, wie es mir gehen würde. Aber ich wollte einfach nicht antworten. Ich dachte die ganze Zeit, ja, merkt ihr denn nicht, dass ich einfach mal meine Ruhe haben will?«

Da war wohl offiziell Ende

Er *will* nicht antworten – und vermutlich *kann* er es zu diesem Zeitpunkt auch nicht mehr. Es ist jetzt kurz nach zwei, der letzte und – mit Abstand – gefährlichste Akt des Dramas nimmt seinen Lauf. In den Protokollen wird später die Rede von einer »beginnenden Bewusstlosigkeit« sein. Fünfzehn Minuten wird sie dauern. Es sind die Minuten, in denen Horst Lichters Krise existenziell wird – er droht zu sterben.

Das Bizarre daran ist, dass er selbst genau das Gegenteil empfindet: Dafür, dass es ihm so schlecht geht, geht's ihm plötzlich erstaunlich gut! »Auf einmal merkte ich, wie ich mich beruhigte. Diese wahnsinnigen Kopfschmerzen ließen nach, mir war plötzlich nicht mehr schlecht, ein angenehmes Gefühl durchströmte meinen Körper. Für mich war das ein Weltklassezustand. Ich dachte nur: endlich Ruhe.« Er ist unterwegs, irgendwohin. Es fühlt sich an wie ein sanftes Weg-gleiten, ein Woanders-Hingleiten. Heute sagt er darüber: »Da war wohl offiziell Ende. Und es war überhaupt nicht schlimm.« Sterben kann furchtbar sein – und auch furchtbar schön.

Es sind die Sekunden, in denen Dr. Schilke an sein Bett tritt. »Ich sprach ihn an. Er antwortete nicht. Ich kontrollierte seine Herztätigkeit, mehrmals, versuchte, seinen Puls zu erfühlen, immer wieder, an verschiedenen Stellen, überprüfte seine

Atmung – nichts!« Es wird immer deutlicher: Lichter hat einen Herzstillstand erlitten, sein Kreislauf ist zusammengebrochen. In ihrem Bericht wird die Ärztin später notieren: »Patient in schockartigem Zustand«, andere Befunde sprechen von einem »schweren Kollaps«. An die Möglichkeit eines Schlaganfalls denkt keiner. Auch Dr. Schilke, die professionelle Verwalterin von Krankheit, Leid und mitunter auch Tod, zeigt jetzt Nerven. »Ich war schockiert, einen so jungen Mann in einem solchen Zustand vorzufinden. Dazu kommt, dass man als Dorfärztin die Leute ja alle persönlich kennt. Ich wusste um die Situation: Junge Familie, kleines Kind, Haus gebaut – das alles ging mir durch den Kopf. Wenn man als Ärztin reinkommt und sieht, da liegt ein 26-Jähriger, dann ist ein solcher Einsatz einfach sehr viel belastender.« Sie sieht ihn sich ganz genau an: Seine Haut ist noch nicht verfärbt. Sie weiß: Die Chancen, ihn zurückzuholen, stehen gut. Sie sieht auf die Uhr: noch höchstens zehn Minuten. Danach drohen bleibende Schäden.

Nicht nur deshalb ist der Moment heikel. Noch immer stehen die Angehörigen im Zimmer, spätestens jetzt müssen sie es verlassen. Natürlich verängstigt sie das, und mitunter kostet es Notärzte eine Menge Überzeugungsarbeit, sie dazu zu bewegen. Denn das Gefühl, einen geliebten Menschen im Stich zu lassen, wird dann fast übermächtig. Trotzdem muss es sein. »Manche Menschen überschätzen sich«, sagt Schilke, »sie glauben, mit einer solchen Situation umgehen zu können, weil sie so etwas schon mal bei einem Unfall auf der Straße oder im Fernsehen gesehen haben. Doch das ist etwas völlig anderes! Es bleibt abstrakt, weil es mit ihnen nichts zu tun hat. Wenn Notärzte einen Familienangehörigen wiederbeleben müssen, dann ist das für die, die danebenstehen, fast nicht auszuhalten.«

Schilke beginnt mit der Herzdruckmassage. Pressen, einmal, zweimal, warten. Wieder pressen, wieder warten. Routine nach so vielen Jahren als Ärztin – und trotzdem beklemmend. Obwohl sie versucht, es zu verdrängen, tauchen wieder diese Bilder von damals in ihrem Kopf auf: Wie sie, zusammen mit dem Notarzt, ihre eigene Schwester wiederbelebt hat, die nach einer schweren Gehirnblutung ins Koma gefallen war. Wie die Schwester nach endlosen, verzweifelten Minuten wieder angefangen hat zu atmen, und wie sie dann, nach vielen traurigen Tagen im Wachkoma, trotzdem gestorben ist. Bloß nicht daran denken! Weiterpressen, warten, horchen, pressen. Die Zeit verrinnt. Zwei Minuten, drei Minuten, vier Minuten – es bleiben noch höchstens sechs. Und der Notarztwagen aus Grevenbroich, das weiß sie, kann frühestens in zehn Minuten da sein – Mathematik ist manchmal grausam. »Es war eine schlimme Situation«, sagt Schilke, »denn ich habe gemerkt, dass da einfach nichts passiert.«

Hätte sie bloß den Defibrillator aus dem Rettungswagen! Wo bleiben die nur? Jahrelang hat sie eine Praxis in der Stadt geführt, aber so dramatische Fälle? Hatte sie nie. Es kam erst gar nicht dazu: In Ballungsgebieten sind Notärzte nach spätestens fünf Minuten bei den Patienten. Aber hier, auf dem Land? Die Ärztin schielt auf ihren Notfallkoffer: Da liegt sie. Sollte sie? Es wäre das erste Mal. Sie schaut auf die Uhr: Die Zeit läuft ihr davon – nur noch fünf Minuten. Eigentlich *muss* sie. Und sie kann es ja auch, theoretisch. Hat sie ja mal gelernt, damals an der Universität. Genauso wie das mit dem Luftröhrenschnitt: Kann sie zur Not sogar mit dem Taschenmesser. Theoretisch. Aber praktisch? Sie will ganz ehrlich sein:

Adrenalin, direkt in die Herzkammer gespritzt

Heimlich hat sie immer gehofft, dass sie es nie würde tun müssen. Es ist die Ultima Ratio, sagen erfahrene Notärzte, nicht unumstritten und vor allem nicht ungefährlich: Adrenalin, direkt in die Herzkammer gespritzt!

Nicht nur damals, 1988, auch heute noch sehen die Wiederbelebungsrichtlinien vor, leblosen Patienten bei Bedarf das Stresshormon Adrenalin zu spritzen, um den Körper gleichsam wachzurütteln, zu alarmieren. Aber gleich mitten ins Herz? Josef Kaesmacher, Leitender Notarzt im Kreis Neuss und einer, der in Fragen der Reanimation als besonders erfahren gilt, sagt dazu: »Das ist tatsächlich ein heroischer Akt. Normalerweise spritzen wir es in den Unterarm. Aber es gibt Situationen, die das erfordern. Entscheidend ist nur: Kommt der Patient durch oder nicht? Der Zweck heißt: überleben! Und der heiligt am Ende jedes Mittel. Vor allem dann, wenn die Zeit wirklich knapp wird.«

Die läuft der Landärztin Schilke gerade davon. »Bei einem so jungen Patienten, wie Horst Lichter es war, durfte man nicht lange nachdenken. Ich wollte einfach nicht glauben, dass nichts mehr zu machen war. Und als die Herzdruckmassage ohne Wirkung blieb, habe ich mich entschlossen, Adrenalin zu spritzen.« Die Nadel ist dünn, geradezu filigran. Aber sie ist lang, entsetzlich lang: mehr als zehn Zentimeter! Schilke weiß genau, wo sie sie ansetzen muss: ganz nah am Brustbein, leicht nach links versetzt, exakt zwischen den Rippen. Die Ärztin und ihr Patient sind jetzt ganz allein im Zimmer und kämpfen diesen leisen, verzweifelten Kampf. Noch vier Minuten. Noch mal überlegen: die Frau, das Kind, dieser junge Mann – eigentlich hat sie die Entscheidung schon getroffen: Sie wird jetzt spritzen! Langsam, ganz langsam drückt sie ihm die lange Nadel in den Brustkorb, spürt, wie es tiefer geht, immer tiefer rein ins Gewebe. Noch ein paar Zentimeter – jetzt nur nicht die Nerven verlieren! Lichter ist längst ohne Bewusstsein. Leblos liegt er da, kriegt von alledem nichts mit: nichts von der Dramatik der Situation, nichts von der »Nadelprobe« der Ärztin. Immer tiefer dringt die dünne Spitze in den Brustkorb ein. Dann – endlich! – das, worauf sie gewartet hat: Schilke spürt einen leichten Widerstand. Die Nadelspitze ist offenbar da angekommen, wo sie hin soll: direkt an Lichters Herzmuskel! Ihr eigener pocht, schlägt ihr bis zum Hals – jetzt wird es sich entscheiden. Noch einmal höchste Konzentration, dann drückt sie entschlossen durch. Das Adrenalin schießt ein – nichts! Noch einmal Herzdruckmassage. Wieder warten. Wieder horchen. Wieder pressen. Und die Zeit läuft: nur noch drei Minuten. Da! Mit einem Mal beginnt Lichter, tatsächlich wieder zu atmen. Ganz flach zwar, aber er atmet, nein, er lebt! Schilke spricht ihn an: »Herr Lichter, können Sie mich hören?« Er schlägt die Augen auf und sieht sie schweigend an – kein Zweifel, er ist wieder da.

Das Dröhnen im Kopf auch. »Mit der Spritze kamen plötzlich unfassbare Schmerzen! Ich dachte, mir zerreißt es den Schädel.« Und nicht nur den. Im ganzen Körper brennt es wie wahnsinnig – Nebenwirkungen des Stresshormons Adrenalin. Dann fliegt die Tür auf: das Notarztteam! »Zuerst haben sie mich angesprochen, dann haben sie mich angeschrien. Aber ich wollte einfach nicht antworten.« Sie reden weiter auf ihn ein, fragen ihn immer wieder nach seinem Namen, schlagen ihm sogar ins Gesicht. Er denkt: »Boah, die sind ja wirklich am Ende, die Typen!« Dann, als sie merken, dass er kaum reagiert, packen sie ihn auf die Trage und schaffen ihn aus dem Haus. Als sie rauskommen, sieht er diesen Auflauf: Jede

Menge Leute sind zusammengerannt, Nachbarn die meisten, auch seine Mutter steht da. Im Vorbeigehen sagt sie noch zu ihm: »Horst, wir kommen jetzt nach ins Krankenhaus.« Aber er sieht sie nur mit großen Augen an, so, als ob er sie gar nicht verstanden hätte. Bis heute kann sie diesen starren, fragenden, traurigen Blick nicht vergessen.

Dann heult die Sirene auf. Auch auf dem Weg ins Krankenhaus werden die Schmerzen in seinem Kopf nicht weniger. Doch mittlerweile hat er ein ganz anderes Problem: Jetzt muss er mal. Pipi. »Ich musste dermaßen dringend pinkeln! Ich dachte, wenn ich nicht gleich aufs Klo darf, dann mach ich mir in die Hose.« Macht er natürlich nicht. Aber neben seiner eigentlichen Krise hat er jetzt noch eine mehr: eine Pipi-Krise. Und die wird sich, wie sich noch zeigen soll, zu einem echt drückenden Problem auswachsen.

Jetzt muss er mal

Anhand der Protokolle über den dramatischen Verlauf der Reanimation lässt sich rekonstruieren, dass Lichter zu diesem Zeitpunkt seinen lebensbedrohlichen Kollaps nur vorläufig überstanden hat. Auf dem Weg ins Krankenhaus verliert er erneut das Bewusstsein: Herz-Kreislaufstillstand, der zweite! Noch einmal muss er wiederbelebt werden, diesmal mit Hilfe von Elektroschocks aus dem Defibrillator. Als er wieder zu sich kommt, stabilisiert sich sein Zustand endlich. Aufatmen bei den Ärzten, vorsichtiger Optimismus keimt auf: Es sieht so aus, als ob der Patient Lichter großes Glück gehabt hätte.

Er selbst kriegt davon nicht viel mit. Für ihn ist die Lage unverändert brisant: Er muss immer noch – und er kann es nicht sagen. Es gehört wohl zu den absurdesten Momenten in Horst Lichters langer Krankengeschichte, dass er ausgerechnet in den Minuten, in denen die Ärzte mit allen zur Verfügung stehenden Mitteln um sein Leben kämpfen, einen höllischen Druck auf der Blase hat. Harndrang, Überlebensdrang – es gibt da für ihn gerade keinen großen Unterschied: »Ich musste so dringend«, erinnert er sich, »aber ich war nicht in der Lage zu reden.« Es wird immer offensichtlicher: Lichter hat das, was Mediziner Wortfindungsstörungen nennen. Er hat »www.wie-sagt-man-noch.de«. Er kann nicht mehr sprechen.

In Grevenbroich angekommen machen sie tausend Untersuchungen, vermuten kurzzeitig eine Meningoenzephalitis – eine Entzündung der Hirnhaut. War der ominöse Insektenstich vielleicht ein Zeckenbiss? Möglich. Oder etwa doch nicht? Sie trauen sich nicht so richtig ran, sie finden nichts Eindeutiges, sie wollen sich nicht festlegen. Nicht ungewöhnlich in solchen Situationen, sagt Dr. Tobias Brandt von den Schmiederkliniken in Heidelberg. Er gilt als einer der führenden deutschen Schlaganfall-Experten: »Medizin ist häufig ein Detektivspiel, vor allem, wenn es um eine präzise Erstdiagnose geht. Oft müssen wir in mühsamer Kleinarbeit an den Symptomen entlang recherchieren, um eine Idee davon zu kriegen, was der Patient hat.« Und noch etwas kommt dazu. Das, was Dr. Hans-Joachim Majunke, Lichters ehemaliger Betriebsarzt aus der Brikettfabrik, »Stille Post für Mediziner« nennt: »Das ist wie im wahren Leben auch: Je mehr Ärzte den Patienten untersuchen, desto wässeriger wird am Ende der Befund.«

Medizin ist häufig ein Detektivspiel

Apropos! Wässerig – das ist auch gerade der dominierende Aggregatzustand in Lichters Unterleib. Sie sind wieder losgefahren, haben ihn wieder zurückverfrachtet in den Rettungswagen, wieder Tatütata – und er muss immer noch. Und er muss jetzt so dringend, dass er sich um seine Blase fast noch mehr Sorgen macht als um seinen Kopf. Mittlerweile liegt er auf der Intensivstation der Kölner Universitätsklinik. Neue Ärzte, neue Fragen, neue Befunde. Sie legen ihm einen Herzkatheter. Und während sich sein Zustand weiter stabilisiert, bricht es plötzlich aus ihm heraus! Zum ersten Mal, seitdem sie ihn zu Hause ins Bett gelegt haben, ist er wieder in der Lage, ein paar zusammenhängende Wörter zu formulieren. Endlich gelingt er ihm, der erlösende Satz: »Leute: Ich! Muss! Mal!« Sagen die: »Kein Problem, jeder kann mal müssen müssen.« Dafür muss er allerdings auch können können. Und er kann nicht. Es ist nicht zu fassen! Mehr als zwei Stunden hat er auf diesen Moment gewartet – und jetzt geht nichts. »Ich hab mich so was von geschämt, mir war das alles so peinlich! Und dann haben wir da ewig rumgedoktert: Alle Mann raus, ein paar Mann wieder rein, Finger rein ins Wasser, Finger wieder raus aus dem Wasser – und dann endlich: bsssssssssch! Es war ein herrliches Gefühl«, erinnert sich Lichter.

Und er kann nicht. Es ist nicht zu fassen

Anderes versucht er zu vergessen – und kann es nicht. Die drei Geräusche zum Beispiel. Die machen ihm heute noch Angst, weil er dieses abgedunkelte Stück Krankenhaus fast sehen, riechen und schmecken kann, wenn er sie nur hört. Er liegt dann plötzlich wieder auf Intensiv, mit all den Kanülen und Kathetern und aussichtslosen Fällen, die diese Abteilung einer Klinik so deprimierend machen. Obwohl nirgendwo sonst so konzentriert an der Rettung des Lebens gearbeitet wird, gibt es dennoch kaum einen lebloseren Ort. Denn die, die *wirklich* leben, kommen höchstens zu Besuch. Und wenn sie dann da sind, dann geben sie fast immer eines der Geräusche von sich, die Lichter so ängstigen: Schluchzen und Weinen. »Ich leide dann mit diesen Menschen, ich geh da kaputt dran.« Die beiden anderen Geräusche heißen: Glasklirren und Radiomusik. Ein Duett: Sie treten immer gemeinsam auf und erst dann, wenn das Weinen verstummt ist. Warum? Lichter erklärt es so: »Die Leute, die dort arbeiten, dürfen sich nicht zum

Teil dieser vielen Ängste und Schmerzen machen. Sie müssen sich ablenken, deshalb haben sie ständig das Radio laufen. Das Glasklirren entsteht, wenn die Stationsschwestern die vielen leeren Ampullen und Flaschen wegwerfen. Diese beiden Geräusche gehören zusammen, und sie hören in dem Moment auf, in dem Besucher das Zimmer betreten.« Fast immer sind es Angehörige, und oft müssen sie Abschied nehmen von dem, der da liegt – Gute-Laune-Musik wäre in dieser Situation eine Zumutung. Deshalb machen die Pfleger sie aus und stellen ihre Arbeit vorübergehend ein. »Wenn das Radio ausgeht und das Glasklirren aufhört, dann hörst du wenig später Menschen weinen.« Es ist der Takt einer jeden Intensivstation – für einen Gefühlsmenschen wie Lichter nur schwer zu ertragen. Tagelang halten sie ihn in einem Dämmerzustand, der ihm jedes Zeitgefühl raubt. »Für mich fühlte sich das an wie ein paar Stunden. Im Nachhinein habe ich erfahren, dass es eine ganze Woche war. Ich war irgendwie wach – und irgendwie nicht.«

Und er wird irgendwie vermisst – und irgendwie nicht. Christine und er werden hinterher nie wieder über das Geschehene sprechen. Darüber, was ihr durch den Kopf ging, als sie ihn so hat daliegen sehen. Darüber, was sie vielleicht hätten lernen können aus dem, was passiert ist – beide, gemeinsam. Doch statt sie richtig zusammenzuschweißen, wird die Krise sie noch weiter auseinanderbringen. Sie werden auseinanderdriften, wie es Eisschollen im Nordpolarmeer tun, wenn Sturm aufkommt: Erst kracht das Eis, dann bricht es, und dann schwimmen die Schollen einfach voneinander weg. Ganz leise. So leise und unspektakulär, dass jeder zufällige Zeuge zweifelte: War da was? »Wir waren halt zusammen. Weil wir den Kleinen hatten, weil wir gebaut hatten – und weil wir glaubten, das sei der einzige Weg«, sagt er. »Heute glaube ich, da war schon keine Liebe mehr.«

Nachdenken
Oder: Da hab ich gar keine Panik drüber!

> Nach zwei Tagen darf die Mutter zum ersten Mal zu ihm. Es ist ein trauriger Anblick:

Blass und müde sieht er aus, und wie er da so liegt, zwischen all den Schläuchen und Maschinen, kann sie sich nicht vorstellen, wie er jemals wieder in der Lage sein soll, der kraftvolle Versorger seiner Familie zu sein. Ein Helfer? Ein Heiler? Ein Geiler? Nein, das ist er nicht mehr. Es schmerzt sie, den Sohn so daliegen zu sehen. Sie fragt ihn: »Horst, wie geht es dir?« Aber er starrt nur vor sich hin und sagt kein einziges Wort. »Er war so still und in sich gekehrt.« Lichter ist abwesend. Und er ist *abweisend*, auf fast kränkende Weise abweisend. »Wir hatten das Gefühl, dass er uns gar nicht bei sich haben wollte. Als Christine dann das erste Mal von einem Schlaganfall sprach, dachte ich: Das kann doch jetzt nicht sein Leben gewesen sein?«

In den ersten Tagen reagiert er nur auf Blicke. Er kann nicht laufen, hat größte Mühe zu sprechen und obwohl noch immer nicht eindeutig geklärt ist, was der Auslöser für den Zusammenbruch war, wird eines immer deutlicher: Lichter hat massive Lähmungserscheinungen, vor allem die linke Gesichtshälfte ist betroffen,

sein linkes Bein ebenfalls. Folge einer länger andauernden »rechtshirnigen Durchblutungsstörung«, wie es im Bericht aus der neurologischen Abteilung der Kölner Universitätsklinik heißt. Ein Widerspruch nur für Nicht-Mediziner. Im menschlichen Gehirn kreuzen sich die Blutbahnen: links, rechts, rechts, links – alles muss zusammenspielen. In unseren Köpfen ist immer Große Koalition.

Der Zustand hält tagelang an. Trotzdem ist sich Lichter sicher: Das wird wieder. »Ich habe bei alledem nie Schiss gehabt, sondern habe versucht, einfach nicht darüber nachzudenken. Ich glaube, ich habe den Ernst der Lage einfach verdrängt. Selbst dann, als ich plötzlich nicht mehr laufen und nicht mehr sprechen konnte. Ich dachte, ist jetzt zwar alles Kacke, aber das geht schon wieder. Da hatte ich gar keine Panik drüber.«

Er hat nicht nur keine Panik drüber, irgendwann hat er sogar Spaß drüber. »Bei aller Traurigkeit gab es auch sehr schöne Momente. Wenn du zum Beispiel dringend

Klopapier brauchst, aber leider nur in der Lage bist, ›Tllletttnpapa‹ zu sagen, dann kann das sehr lustig sein. Oder das linke Bein, das ich immer erst bitten musste, doch freundlicherweise auch mitzukommen. Oder die vielen Wörter, die mir plötzlich nicht mehr einfielen, obwohl sie eben noch da gewesen waren. Richtig übel war aber, dass mein Kurzzeitgedächtnis weg war. Doch selbst das hatte noch

sehr spaßige Seiten. Du konntest jemandem sagen, du bist'n Arsch – und hattest es zwei Minuten später wieder vergessen. Und dann haste noch mal von vorne angefangen – das war gar kein Thema.«

Mit Block und Stift kämpft Lichter gegen das Vergessen. Er schreibt sich alles auf, Telefonnummern, Namen, Wege, all das, was auf seiner Festplatte im Kopf mal gespeichert gewesen war bis zu dem Tag, an dem der schwere Ausnahmefehler auftrat. Jetzt wechselt er den Hauptspeicher: weißer Block statt grauer Zellen. Ist im Augenblick einfach sicherer. Er schreibt so lange, bis alles wieder da ist. Das, was vorher im Kopf war – jetzt ist es im Block. Sein ganzes Leben auf ein paar kleinen weißen Zetteln. Als er nach mehreren Wochen endlich entlassen wird, wirkt es für Außenstehende so, als sei es den Ärzten tatsächlich geglückt, ihn wieder einigermaßen herzustellen. In Wahrheit ist sein Leben eine Quälerei. Er ist aus dem Tritt geraten. Er stolpert. Von einer Niederlage zur nächsten.

Einmal will er zum Arzt – Kontrolle. Setzt sich also in Rommerskirchen ins Auto und fährt los. Aber mit welchem Ziel? »Auf einmal war ich in Neuss. Und ich dachte, Mist, wo wolltest du jetzt eigentlich hin? Und warum bist du in Neuss?«

Er holt seinen kleinen Block raus – Telefonnummer von zu Hause nachschlagen – und ruft an:

»Sag mal, wo wollte ich eigentlich hin?«

»Wo bist du denn?«

»In Neuss.«

»Aber du wolltest doch zu Dr. Schilke hier in Rommerskirchen!«

»Ah, gut. Dann fahre ich jetzt nach Rommerskirchen.«

Und dann wendet er und fährt zurück und denkt wie so'n armer Irrer die ganze Zeit daran, wo er eigentlich hin muss: Rommerskirchen! Rommerskirchen! Rommerskirchen! Immer wieder sagt er es sich selber vor. Muss er auch: »Ich hätte das sonst auf dem Weg dahin wieder vergessen.« Bis heute kann er sich nicht erklären, warum er damals in Neuss gelandet ist.

Und bis heute können die Ärzte nicht mit letzter Sicherheit sagen, warum es ihn so umgehauen hat – und immer weiter umhaut. Störungen, größere, kleinere, Lähmungserscheinungen, immer wieder. Auch dann noch, als er zur Nachbehandlung in einem Rehabilitationszentrum an der Mosel hockt, in einem dieser modernen, nichtssagenden Bunker, zusammen mit lauter alten Reha-Patienten – und er als junger Mann von 26 Jahren mittendrin. Mit den Alten kommt er prima klar, sie sitzen ja alle im selben Boot. Deshalb nehmen sie es ihm auch nicht übel, wenn er sich über sie lustig macht: »Eines Morgens bin ich aufgewacht, sah in den Spiegel und dachte nur: Ach, du meine Güte! Wie siehst du denn aus? Mein linker Mundwinkel hing wieder runter, ich konnte schon wieder nicht mehr richtig sprechen.« Da humpelt er zum Frühstück, die Rentner sitzen schon am Tisch: »Schaut mal, ich kann mit einem Mundwinkel schneller reden als ihr mit zwei!«

Wenn er die Haudrauf-Pointe heute auf der Bühne bringt, dann lachen sie sich genauso scheckig wie die Alten damals in Bernkastel-Kues – ein guter Witz *bleibt* ein guter Witz. Doch der Lacher täuscht darüber hinweg, wie es ihm damals wirklich ging: mies, dreckig, elend. »Der Aufenthalt in einem Rehabilitationszentrum ist stupide und deprimierend«, sagt Dr. Schilke, »vor allem für einen jungen Patienten, wie Horst Lichter es damals war. Das Paradoxe ist: Eigentlich sollte so eine Reha einen Menschen aufbauen, ihm neue Kraft geben – in Wahrheit schaut er ständig in den Abgrund.« Und manchmal stürzt er ab.

Vor allem besonders Aktive sind gefährdet, Spitzensportler zum Beispiel. Das quälend lange Warten auf den Tag, an dem sie endlich rausdürfen, macht sie mürbe.

Es fühlt sich an, als hätte sie irgendein virtueller Richter Gnadenlos verdonnert – zu sechs Wochen lebenslänglich! Sportpsychologen glauben, dass es – neben anderen Faktoren – auch die vielen Reha-Aufenthalte gewesen sein könnten, die einen wie den Fußballstar Sebastian Deisler ganz allmählich zu einem depressiven Menschen gemacht haben. Und als der Radprofi Jan Ullrich auf die verhängnisvolle Idee kam, eine Ecstasy-Pille zu schlucken, da hatte er gerade ein kaputtes Knie und war in der Reha. Zufall? Vielleicht. Sicher ist, dass Horst Lichter in dieser Zeit zum ersten Mal wirklich ins Grübeln gerät. In dem grauen Gebäude an der Mosel entsteht in ihm zum ersten Mal dieses Bild. Dieses Bild, wie sein Leben *noch* aussehen könnte. Er beschreibt es so: »Ich hatte plötzlich eine Tür aufgetreten und gemerkt: Aha, das wär ja mal was …« Stundenlang spricht er mit den Alten, sie reden übers Leben, er fragt sie: »Was vermisst ihr?« Die Antworten lauten stets ähnlich: Ja, natürlich sind sie traurig darüber, dass sie krank sind. Aber *kränken* tut sie etwas anderes: Sie vermissen Wärme und Nähe und das Gefühl, dass einer für sie da ist. »Denen ging's um ein bisschen Menschlichkeit.«

Das klingt kitschig, und es klingt nach Guildo Horn: Piep, piep, piep, wir haben uns alle lieb. Doch wenn sie dann anfangen zu erzählen, wie sie damals als Kinder Zuckerrüben geklaut und sie roh, auf dem Feld, verputzt haben, wie sie zusammen

auf der Straße gespielt haben zwischen all den Trümmern, und wie sie das Wenige, das sie hatten, dennoch geteilt haben – dann sieht Lichter, wie ihre Augen plötzlich leuchten. Er glaubt: »Damals habe ich meinen Tunnelblick verloren. Ich hatte das Gefühl, endlich hat mir mal einer das blöde Fernglas vor der Nase weggenommen, und ich kann endlich nach links und rechts gucken.« Und nach oben. Und nach unten. Und besser hören kann er, so scheint ihm, auch. Es fühlt sich an, als hätte er plötzlich ein paar Sinne mehr: »Ich würde sagen, im Prinzip hat mich da mal einer mächtig in den Arsch getreten und mich gefragt: ›Pass mal auf, Alter, was machst du da eigentlich für eine Scheiße?‹«

Es sind keine existenziellen Sorgen, die ihn quälen – RWE ist ein guter Arbeitgeber, sie haben ihn trotz seiner Erkrankung nicht hängen lassen –, nein, er hat ein paar Sinne dazubekommen, und jetzt fragt er nach dem Sinn. »Obwohl ich noch so jung war, konnte ich schon bis zur Rente gucken, und wenn ich so weitergemacht hätte, dann wäre ich irgendwann mal in einem Sessel wach geworden und hätte meine Frau angeraunzt, wo das Bier bleibt. Ich habe das ja so vorgelebt bekommen. Von meinem Vater, von meinem Onkel, von den Nachbarn, von den alten Herren auf der Braunkohle, die in der ersten Woche so interessante Geschichten erzählt haben. In der zweiten Woche hast du begriffen: Die erzählen die gleichen

137

Geschichten noch mal. Und dann kanntest du die irgendwann fünf, sechs Jahre, und die erzählten immer noch die gleichen Geschichten. Die haben nie gelebt! Unfassbar.«

Lichter malt und malt immer weiter, an dem Bild über ein anderes Leben, das einmal *sein* Leben werden soll. Er ist jetzt angefixt. »Immer wieder habe ich mich gefragt, was ich gerne tun würde. Was müsste es sein?« Und dann, langsam, ganz langsam, baut es sich vor ihm auf: dieses Bild, das eigentlich eine Fotomontage ist, weil darauf alles wild durcheinanderfliegt, und das zur entscheidenden Idee seines Lebens werden soll. Er malt es ausgerechnet in seinem tristen, grauen Reha-Alltag. Er entwirft, verwirft, schwitzt es aus. Eigentlich ist es ganz einfach. »Ich wollte all die Dinge, die ich mag, in einem Haus haben. Da sollten Menschen zum Essen und Trinken kommen, und rundherum sollten all die Dinge sein, die mir Freude machen: Bücher, Motorräder, Autos, der ganze alte Prüll. Ein Ort, an den man kommt und miteinander redet. Alter, was gibt es Neues? Kaffee? Haste was zum Essen? Geschichten erzählen, lachen, Spaß haben. Ich sah das plötzlich so deutlich vor mir, dass ich dachte, ja, klar, eigentlich willst du gar nichts anderes.«

Wie ernst es ihm damit ist, dokumentiert ein langer Brief, den er seiner Mutter schreibt. Es ist ein Brief über sein Leben. Sie hat ihn heute noch. Schon die Ansprache verrät, wie sehr er damals am Rand war, wie verletzlich: »Liebe Mama.« Und dann – nachdem er berichtet hat, wie es ihm gesundheitlich geht – erklärt er ihr, dass sein Leben ganz und gar schiefläuft, und dass sie vielleicht doch Recht gehabt hat mit ihrem Genörgel über die viel zu frühe Heirat und den Hausbau und darüber, dass er seinen Beruf als Koch einfach an den Nagel gehängt hat. Und er endet mit einer Ankündigung: dass er sein Leben jetzt neu ordnen will, weil er unzufrieden ist mit dem alten. Die wenigen Zeilen haben sie damals lange beschäftigt.

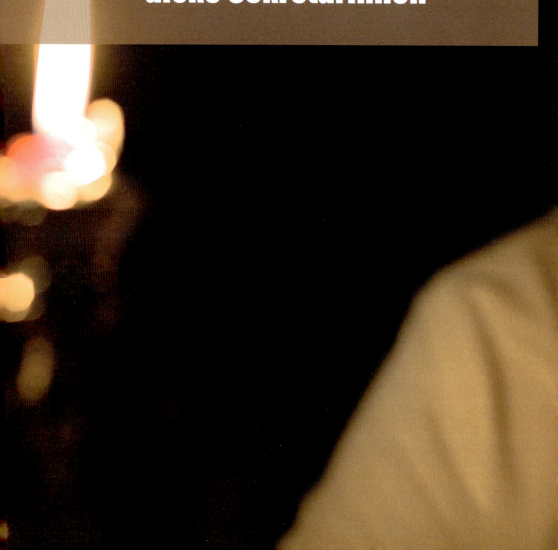

Rückkehr
Oder: Leberwurst und dicke Sekretärinnen

> **Die acht Wochen sind um, der Patient Lichter wird entlassen.**

Er freut sich auf zu Hause, auf Christine und auf den Kleinen. Höchste Zeit, dass er ihnen von seinen neuen Plänen erzählt! Was sie wohl sagen werden? Er hat beschlossen, noch einmal ganz von vorne anzufangen, er will endlich vorwärtskommen und die verlorene Zeit aufholen. Mein Gott, er war ja wirklich lange weg! Jetzt quälen ihn Schuldgefühle, weil er sie so lang allein gelassen hat. Aber das ist es nicht allein. Es ist eher das ungute Gefühl, dass er mal etwas nur für sich gemacht hat, sich mal was außer der Reihe gegönnt hat. Eine Auszeit, ganz schön üppig sogar! Dabei weiß er doch, wie die wichtigste Regel in seiner Familie lautet: Leberwurst immer nur für die anderen. Hat er das nicht von seinem Vater gelernt? Und dann steht er plötzlich da, mit seinen drei Habseligkeiten in einer kleinen Tasche, vor dem Haus, das er vor acht Wochen zum letzten Mal gesehen hat. Geht durch die Tür, hinein in die schöne, neue Wohnküche. Da steht die Sitzecke mit den Schnitzereien aus hellem Holz, der große, gemütliche Tisch davor, der dicke Fernseher, der Kamin, den sie sich gegönnt haben. Er wirft einen Blick in den Wintergarten: Ja, es ist kein schlechtes Le-

ben, das sie da haben, das Leben *nach* Ikea. Das wird ihm in diesem Moment klar.

Und trotzdem ist die Rückkehr ein Schock. Da ist er so lange weg gewesen, hat sich so viele Gedanken gemacht – und jetzt das! Es ist einfach alles nur wie immer. Nichts, aber auch gar nichts hat sich verändert. Wenn doch wenigstens der Fernseher in einer anderen Ecke stehen würde! Tut er aber nicht. Er stand da, er steht da, und er wird da weiter stehen. Fast scheint es Lichter, als sei er nie weg gewesen. Und jetzt? Einfach so weiter? Bis zur Rente?

Als er nach Wochen zum ersten Mal wieder in der Praxis von Dr. Schilke erscheint, ahnt die Ärztin, wie es in ihm aussehen muss: »Krankheiten, die länger als sechs Wochen dauern, gehen fast immer auch an die Psyche«, sagt sie. Lichter ist da keine Ausnahme. Er wirkt verändert. »Es ist schwer in Worte zu fassen: Da kam kein junger Mann rein, der gesund war und vor Kraft nur so strotzte. Man konnte ihm ansehen, dass er wirklich krank war. Ihm fehlte diese Leichtigkeit von früher. Er wirkte bedrückt, irgendwie verlangsamt, runtergebremst.« Der Satz, der in den folgenden Tagen und Wochen am häufigsten fällt, lautet: »Geht denn nicht wenigstens halbtags?« Christine will ihn so schnell wie möglich wieder auf die Braunkohle schicken. Es ist nicht zu übersehen: Auch sie wird mit der Situation nur schwer fertig. »Wenn da ein Mann heimkommt, der plötzlich nicht mehr der alte ist, dann ist das auch für Frau und Kind ungeheuer belastend. Darüber können ganze Familien depressiv werden«, sagt Dr. Schilke. »Ich fragte mich: Was macht dieser junge Familienvater jetzt mit seinem Leben?«

Er macht das, was er vorher auch gemacht hat: fährt zur Schicht in die Brikettfabrik nach Niederaußem. Vielleicht kann ihm ja der Alltag mit den Kollegen etwas Halt geben. Doch die haben genau das gleiche Problem wie er auch: Darüber

reden? Oder einfach so tun, als ob nichts gewesen wäre? Geht doch auch nicht, oder? Die harten Jungs von der Braunkohle sind schwer verunsichert: Reden, Gefühle – du meine Güte! –, das ist doch jetzt wirklich nicht ihr Ding. Einer traut sich. Packt ihn an der Schulter und spricht ihn einfach an. Doch in seiner ganzen Hilflosigkeit fällt ihm nur ein ziemlich waghalsiger Satz ein: »Jung', dat dät mich leed. Aber wie sacht ma so schön: ›kaputt, en neu'!‹« Was er meint: »Junge, das tut mir leid. Aber wie sagt man so schön: Herz kaputt, ein neues!« Es ist natürlich nett gemeint. Trotzdem muss Lichter ziemlich fassungslos geguckt haben: »Wenn der nicht so dumm gewesen wäre, dann hätte man ihn schlagen müssen. Wie kann man einem Menschen so etwas sagen? Da war ja kein Auto kaputtgegangen!«

Der Zwischenfall wäre nicht weiter erwähnenswert, machte er nicht deutlich, wie unterschiedlich die beiden Welten sind, die da aufeinanderprallen. Auf der einen Seite die kernigen Malocher, die Tag und Nacht und rund ums Jahr, verlässlich und präzise wie Uhrwerke, ihren Dienst tun, damit das Rheinland Strom hat. Die bei Wind und Wetter oben auf ihren vielen Schloten herumklettern und in 35 Meter Höhe über schmale, abenteuerliche Brücken balancieren, mit Gitterböden zum Durchgucken, mit so vielen Löchern drin, dass einem schon vom Zusehen schwindelig wird und Ungeübten regelmäßig der Angstschweiß auf die Stirn tritt. An schönen, klaren Abenden, wenn tief im Westen die Sonne als riesiger, glutroter Feuerball versunken ist, können sie in der Ferne die Lichter von Düsseldorf und Köln sehen. Und dann sind sie stolz auf das, was sie da tun, denn es ist ihr Strom, der die Städte zum Leuchten bringt. Sie und ihr gewaltiges Kraftwerk, das ihre Kinder »Wolkenfabrik« nennen, weil es ununterbrochen qualmt und faucht und raucht und dabei die kleine Kirche und die vielen Malocherhäuschen drumrum fast erdrückt, sie sind ein altes Stück Deutschland, eines, das die meisten nur noch aus dem Fernsehen kennen.

Auf der anderen Seite einer wie Lichter und sein Kumpel Albert Nicolin, der auch im Kraftwerk arbeitet. Beide haben sie einen Hang zum Exzentrischen, und beide lieben sie auffällige Autos. Albert fährt Porsche, sein Freund Horst Opel Diplomat. Und so kommt es, dass sich auf dem Parkplatz vor der Fabrik regelmäßig diese leicht unvorteilhafte Reihenfolge ergibt: Porsche – Diplomat – Käfer. Unvorteilhaft für Horst und Albert. Denn dummerweise gehört der Käfer dem Betriebsleiter. Irgendwann, sehr viel später, steigt Albert dann um: auf einen fetten Mercedes S-Klasse. Da rüstet auch der Chef auf: Golf Diesel.

Dass sich die beiden mit solchen Aktionen nicht für die Wahl zum Mitarbeiter des Monats empfehlen, ist klar. »Der Lichter war anders, und er tat anders«, sagt Hans-Josef Jagusch, damals sein Vorgesetzter – nicht der mit dem Golf Diesel! – und einer, der die Dinge so pragmatisch angeht, wie man sie wohl angehen muss, wenn man einen Job hat, in dem es darauf ankommt, möglichst wenig dumme Fragen zu stellen – am allerwenigsten sich selbst. »Wer ist schon zufrieden mit dem Leben, das er hat?«, brummt er, wenn er an den unzufriedenen Lichter denkt. »Sicher wäre dem lieber gewesen, wenn er einen Tausender mehr verdient hätte.« Und dann, nach einer längeren Pause: »Der war zuverlässig, aber er konnte hier seine kreative Seite einfach nicht so ausleben, wie er das eigentlich wollte.«

Er will endlich was werden

Dafür will er jetzt endlich seine automobilen Träume ausleben. »Mir ging es langsam immer besser, ich fühlte mich gesund. Und ich dachte, kneif den Arsch zusammen und tu was! Ich wollte endlich mal was schaffen in meinem Leben. Ich wollte einen knallroten Ferrari.« Dass das Leben im Allgemeinen und ein Ferrari im Speziellen Geld kosten, ist Lichter klar. Allein die Versicherung für einen F 430 kostet aktuell gut 10 000 Euro – im Jahr. Also legt er los. Engagiert sich, kandidiert für den Betriebsrat, bewirbt sich sogar für die Meisterschule, macht und tut und verausgabt sich total. Er will endlich was werden, um endlich jemand zu sein. Spricht ja auch einiges dafür: Er ist witzig, wortgewandt, clever. Vergessen der Herzstillstand, vergessen der Brief an die Mutter – Lichter hat es einfach verdrängt. Sein Freund Nicolin kommt aus dem Staunen nicht mehr heraus: »Ich habe mich darüber gewundert, dass Horst auf einmal so reinhaute! Immer wieder habe ich ihm gesagt, du hast ein Zeichen bekommen, dass du besser auf dich aufpassen musst. Du musst kürzertreten. Aber er hat das völlig ignoriert.«

Vielleicht kann er nicht anders. Lichter hat diesen unglaublichen Willen. Und der ist beides: Fluch *und* Segen. In der ersten Hälfte seines Lebens machte er ihn zu einem fast notorisch Unzufriedenen, einem Zweifler – und am Ende wohl auch krank. In der zweiten Hälfte trieb er ihn zu seinem phänomenalen Erfolg. »Ich glaube, ein Mensch kann ausnahmslos alles schaffen, wenn er nur bereit ist, es wirklich zu tun – und die Konsequenzen dafür zu tragen.« Wenn er heute darüber spricht, dann klingt er manchmal ein bisschen wie einer dieser Tschagga-tschagga-total-gaga-Typen aus den 90ern, die als Motivationstrainer auf Massenveranstaltungen auftraten und dicke Sekretärinnen glauben machten, dass sie nur deswegen nicht die Hauptrolle in »Basic Instinct« bekommen hätten, weil sie gerade auf dem Klo saßen, als Hollywood sie verzweifelt suchte.

Der entscheidende Unterschied ist: Lichter ist kein Guru. Er spricht über etwas, was er selbst erlebt hat. Er spricht über sich selbst. Und dabei schwingt immer wieder etwas mit, was er niemals zum Thema machen würde, wohl deshalb, weil er fürchtet, sich damit angreifbar zu machen: der Faktor X, das, was kein medizinisches Gerät messen kann, Seele, Gefühle und das, was sie anrichten können, wenn sie aus dem Gleichgewicht geraten.

Tiefpunkt
Oder: Vorübergehend blind

Egal, wie begeistert er über all die Ferraris spricht, die er sich noch kaufen will,

… egal, wie sehr er sich in die Arbeit stürzt: Lichter ist längst dabei, wieder abzustürzen – und merkt es nicht. Immer wieder wird er krank, immer wieder klagt er über Kopfschmerzen auf der rechten Seite, immer wieder fällt er aus. Die Kollegen in der Fabrik nehmen ihm das allmählich übel – sie müssen seine Arbeit mitmachen. Das böse Wort »Simulant« macht auf dem Gelände die Runde. Die Wahrheit ist: Lichter ist zu diesem Zeitpunkt ein sehr kranker Mann. Jetzt zeigt sich, dass der Zusammenbruch noch eine ganz andere Dimension hatte. Wie sagte Dr. Schilke? »Krankheiten, die länger als sechs Wochen dauern, gehen fast immer auch an die Psyche.«

Nach der ersten kommt jetzt die zweite allgemeine Verunsicherung in das Leben des Horst Lichter. Sein Körper hat ihn doch schon einmal im Stich gelassen. Würde er es wieder tun? Er beginnt, sich selbst zu beobachten, in sich reinzuhorchen: Fühlt sich der Arm nicht wieder irgendwie taub an? Wieso fällt ihm dieses eine Wort nicht ein? Sind die Kopfschmerzen wirklich nur ein bisschen Migräne? Es ist ein tief gehendes Misstrauen, das jetzt Raum greift, Reaktion auf die immer

wiederkehrenden Durchblutungsstörungen. Lichter ist zutiefst verunsichert, zieht sich zurück. In den Befunden taucht zum ersten Mal der Begriff »Depression« auf.

Er selbst umgeht ihn auch heute noch. Doch die Bilder verraten ihn – die aus dem Kloster zum Beispiel. Wenn er minutenlang regungslos in der leeren Stiftskirche verharrt und plötzlich zu vergessen scheint, dass er der lustige Herr Lichter aus dem Fernsehen ist. An der Art und Weise, wie er dann innere Zwiesprache hält, wird deutlich, wie sehr er Clown im klassischen Sinne ist: der mit der Träne im Knopfloch. Oder wenn er in der Garderobe des Albert-Einstein-Gymnasiums in Kaarst auf seinen Auftritt wartet. Während draußen in der Halle 600 Lichter-Fans sitzen und sich darauf freuen, dass er gleich live auf der Bühne Gurkensuppe mit eimerweise Sahne kochen und über seinen Freund Johann Lafer ablästern wird – »Der Johann ist so pedantisch mit seinen Lebensmitteln: Wenn der könnte, dann würde der jedes einzelne Ei selber legen!« –, sitzt er still da, raucht, trinkt Mineralwasser und denkt nach über das, was da gerade mit ihm passiert: »Wenn ich nur ein einziges Mal eine falsche Entscheidung treffe, bin ich weg vom Fenster. Davor habe ich eine Heidenangst. Weißt du was? Es läuft einfach zu glatt im Moment.« Und während er das sagt, hat er sein Fernsehgesicht ausgeknipst und blickt so ernst und eindringlich, wie man es wohl nur kann, wenn man solche Tiefen ausgelotet hat wie er.

Erinnert sich Lichter zurück an sein Lebensgefühl, damals, zu Hause, dann kommt der nächste versteckte Hinweis auf seinen wahren Gemütszustand: »Es war neutral«, sagt er dann, »ohne große Hochs und Tiefs.« Neutral! Die Schweiz ist neutral, aber ein Leben? »Es war ja nicht mein Leben! In Wahrheit habe ich ein Leben nachgelebt, das mir rundherum vorgelebt wurde: das Leben meines Vaters, das meiner Nachbarn, das meiner Kollegen aus der Fabrik. Es war nicht meine Welt, in der ich da lebte, und das hat mich kaputt gemacht.«

Dann kommt der 13. Mai 1990. Es wird ein kritischer Tag werden für den jungen Maschinisten Horst Lichter in der Brikettfabrik Fortuna Nord. Knapp zwei Jahre sind seit seinem ersten Zusammenbruch vergangen, fast ein Jahr lang war er danach krankgeschrieben. Die Firmenleitung hat das alles klaglos hingenommen, sie sind – auch nach objektiven Maßstäben – sehr tolerant gewesen. Jetzt ist er allerdings wieder im Dienst – und trotzdem häufen sich die Ausfälle. Was ist da los? Keiner ahnt, dass Lichter einfach nicht mehr kann. Die Situation spitzt sich zu: Ihn laugen seine Depressionen aus, den Kollegen geht allmählich die Geduld aus. Jetzt wollen sie die Sache ein für alle Mal klären: Er soll vor den Krankenausschuss.

Die Herren kommen gleich auf den Punkt. Erste Frage: »Herr Lichter, wie geht's Ihnen? Uns ist aufgefallen, Sie sind oft krank in letzter Zeit.« Rumms! Es ist eine freundliche Umschreibung für das, was keiner ausspricht: »Sind Sie ein Blaumacher, Herr Lichter?« Und wie sie ihn mit seinen 28 Jahren da so kritisch mustern, von oben bis unten – der Betriebsarzt, der Produktionsleiter und all die anderen –, irritiert ihn. Er glaubt bis heute, dass er damals nur aus Versehen in die Mühlen des Systems geraten ist. Denn: »Da mussten ja eigentlich nur Faulenzer und Simulanten hin.« Tatsächlich aber halten ihn manche genau dafür – und es ist ihnen nicht zu verdenken. In den Berichten der Betriebsärzte an die Personalabteilung ist immer wieder die Rede von den »Leistungseinschränkungen des Herrn Lichter«, von immer »neuen Beschwerden«, von der »psychosomatischen Komponente«, die dabei wohl auch eine Rolle spiele. »Starke psychische Überlagerungen« nennen sie das.

Sind Sie ein Blaumacher, Herr Lichter?

Die große Frage lautet: Hat Lichter den Warnschuss der Herren aus dem Krankenausschuss vielleicht doch gehört? Hat er ihn gar so unter Druck gesetzt, dass sein ganzes System wenig später lebensgefährlich aus dem Ruder läuft? Ist also das, was am nächsten Tag passieren wird, vielleicht doch eine Reaktion darauf und nicht ein rein zufälliges Ereignis?

Es ist der 14. Mai. Lichter verabschiedet sich zu Hause in Rommerskirchen von seiner Familie, wenig später trifft er in Niederaußem ein. Gegen 13 Uhr betritt er das Fabrikgelände. Er hat Spätschicht und wird in einer halben Stunde seinen Kollegen ablösen. Pünktlich um 13.30 Uhr beginnt er mit seinen ersten Rundgängen – alles läuft, keine besonderen Vorkommnisse. Gegen 16 Uhr erreicht er die Versuchsfabrik, jenen Teil der Anlage, in dem sie mit dem »Produkt« – so nennen sie ihre Braunkohle – herumexperimentieren. Es sind teure, aufwändige Versuche, die sie fahren: Hier haben sie schon Kohle verflüssigt! Es ist wertvolle Forschungsarbeit, trotzdem wird RWE die Abteilung Jahre später wegen der hohen Kosten dicht machen – manche in der Fabrik sagen »wegrationalisieren«. Lichter nutzt den Besuch für eine kurze Pause, sitzt da, im Aufenthaltsraum, isst sein Butterbrot, liest Zeitung, trinkt Käffchen, und bis jetzt ist alles wie immer – es ist mittlerweile 16.15 Uhr. Dann wird ihm schlecht.

»Ich hab mich auf einmal unglaublich elend gefühlt und bin sofort zum Sani.« Ganz langsam und fast auf allen vieren kommt er wenig später beim Sanitäter an. An seinen ersten Zusammenbruch, zwei Jahre zuvor, denkt er in dem Moment nicht – er denkt gar nichts mehr. »Ich lag da bei dem auf der Trage und war einfach nur platt, ich wollte nach Hause.« Dann kriegt er nur noch mit, wie sich sein Zustand plötzlich dramatisch verschlechtert: »Der Sani hatte auf einmal Megapanik!«

Wenig später liegt er bewusstlos im Rettungswagen auf dem Weg nach Köln. Der Grund für die Panik des Sanitäters steht in den Protokollen. Lichter hat enorm hohen Blutdruck: 220/120, in den Spitzen sogar noch mehr! Jederzeit können Blutgefäße platzen, weil sie dem Druck nicht mehr standhalten. Wieder wird er den Neurologen in der Universitätsklinik vorgestellt, wieder stellen sie ihn auf den Kopf, und wieder stellen sie eine »schwere rechtshirnige Durchblutungsstörung mit dem Bild eines Schlaganfalls« fest – Lichter lallt nur noch, sein linker Arm hängt schlaff herunter.

Woher diese Krisen? Um besser zu verstehen, was in seinem Körper vor sich geht, setzen ihm die Ärzte erneut einen Katheter. Doch diesmal wollen sie weiter gehen als bisher: vorbei am Herzen, bis in die Nähe des Gehirns. Es fühlt sich fast so an, als wollten sie ihm in den Kopf schauen. Es ist riskant. Und beinahe geht es schief. »Diese Untersuchung werde ich nie vergessen«, sagt Lichter. »Ich hatte ja schon einige Katheteruntersuchungen über mich ergehen lassen müssen. Doch keine war so heftig gewesen wie diese.«

Es beginnt wie immer: mit einem winzig kleinen Schnitt direkt an der Hüfte. Langsam, ganz langsam, führt der Chefarzt die dünne, biegsame Sonde in Lichters Blutbahn ein. Schiebt das Ding, das im Grunde nichts anderes ist als ein besseres Elektrokabel mit einer kleinen Kamera an der Spitze, immer tiefer hinein in seinen Körper – es ist eine Frage des Fingerspitzengefühls. Der Arzt tastet sich vor, unendlich behutsam, unendlich langsam, bis er schließlich den Aortenbogen erreicht. Tastet sich weiter vor, vorbei am Herzen, immer weiter, immer hö-

her. Dann ist er endlich da, wo er hin will: in der Halsschlagader! »Ich konnte genau spüren, wo sie mit ihrer Sonde waren«, berichtet Lichter später. »Ich erzählte ihnen, wie es mir geht, sagte noch: Ihr seid jetzt im Hals – dann war ich auf einmal blind!« Schlagartig kann er nichts mehr sehen. Die Ärzte versuchen, ihn zu beruhigen: »Nur ein paar Nerven!« Doch Lichter glaubt ihnen nicht: Dafür sind sie zu hektisch. »Plötzlich kamen noch mehr Ärzte dazu. Dann hieß es, raus, raus, raus!« Erst als die Untersuchung abgebrochen wird, verschwinden die Sehstörungen wieder, der Vorfall wandert als Randnotiz in die Akten.

Zweimal in zwei Jahren entkommt Horst Lichter dem Tod nur um Haaresbreite, springt ihm in buchstäblich letzter Sekunde von der Schippe. Zweimal jagt eine Untersuchung die nächste, zweimal folgt ein Reha-Aufenthalt auf den anderen, zweimal mutiert er vom Gesunden zum Kranken und wieder zurück in kürzester Zeit. Keine Frage: So dreist haben nur wenige in ihrem Leben dem Teufel ein Schnippchen geschlagen! Doch die eigentliche Frechheit – aus Sicht des Teufels – ist: Lichter war seitdem nie wieder bei einem Arzt. Hie und da mal, ja, bei einem Wehwehchen. Aber für eine ernsthafte Untersuchung, die sich einer mit seiner Krankenakte eigentlich einmal in sechs Monaten angedeihen lassen müsste? Fehlanzeige. Er müsste Medikamente nehmen und die Zigaretten sein lassen. Stattdessen nimmt er die Zigaretten und lässt die Medikamente sein. Er müsste weniger arbeiten und mehr schlafen. Stattdessen schläft er immer weniger und arbeitet dafür noch ein bisschen mehr. Er dürfte bei so viel Stress nur wenig Spaß und viel schlechte Laune haben. Stattdessen hat er einen Höllenspaß und selten schlechte Laune. Wie passt das alles zusammen?

Die Antwort lautet: gar nicht. Es ist wie immer bei Lichter: Die Lage ist hoffnungslos, aber nicht ernst. Trotzdem ist er kein Mysterium und verfügt keineswegs über geheimnisvolle Kräfte, die andere nicht haben. Wie hat es sein Freund Alfons Schuhbeck ausgedrückt? »Unser Körper ist in der Lage, sich selbst zu heilen. Wir müssen ihm nur die Chance dazu geben und dafür sorgen, dass die Seele rund läuft. Darauf achten wir zu wenig.« Lichter ist ein gutes Beispiel dafür – und er ist nicht das einzige.

Wie beängstigend tief die Psyche in physische Prozesse eingreifen kann, das erlebt Dr. Tobias Brandt, der Schlaganfall-Experte aus Heidelberg, nahezu routinemäßig. Fünf Prozent aller Schlaganfallpatienten sind mittlerweile jünger als 45, und Wissenschaftler wie Brandt sind den Ursachen immer dichter auf den Fersen. Akribisch und fast so spektakulär wie die Gerichtsmediziner aus dem Fernsehen sammeln sie Beweise, entwickeln Theorien, verwerfen sie wieder und fügen Teil an Teil, bis das Puzzle komplett ist. Mag sein, dass sie dabei nicht so cool aussehen. Doch CSI Heidelberg ist manchmal aufregender als CSI Miami. Jahrelang fragten sich die Mediziner, wie es passieren kann, dass bei jungen Menschen, die bis dahin vollkommen gesund und beschwerdefrei gelebt haben, plötzlich Arterienwände reißen – einfach so, scheinbar aus dem Nichts. Einem Team des Kompetenznetzes Schlaganfall unter Brandts Leitung gelang es im April 2004, das Rätsel zu lösen: Die lebensgefährlichen Einrisse werden offenbar durch eine Bindegewebsschwäche der Arterienwände verursacht. In Zukunft sollen Risikopatienten durch Hauttests frühzeitig gewarnt werden.

CSI Heidelberg

Und noch etwas zeigt sich immer deutlicher: Was im Kopf *passiert*, hängt offenbar sehr davon ab, wie es dem Kopf *geht*. »Seelische Krisen können mindestens so grausam sein wie körperliche«, sagt Brandt. Besonders eindrucksvoll ist der Fall einer jungen Türkin, die sich – schwanger von ihrem deutschen Freund – in einer für sie ausweglosen Situation wähnte. »Die junge Frau hat auf diesen Konflikt so extrem reagiert, dass sie plötzlich ins Koma fiel. Sie sprach auf stärkste Schmerzreize nicht mehr an und kam unter dramatischen Umständen auf die Intensivstation. Erst dort gelang uns der Nachweis, dass sie gar nicht komatös war. Es war ein sogenanntes psychogenes Koma.« Eine seelische Störung als Ursache für ein Koma? »Ja, und häufig sind solche Patienten stark depressiv und suizidgefährdet.«

Noch beeindruckender der Fall jenes jungen Bäckers, der eines Morgens aufwachte und nicht mehr aufstehen, geschweige denn laufen konnte. Über Nacht war er plötzlich querschnittgelähmt! Doch nach unzähligen Untersuchungen stand auch bei ihm fest: keine organische Ursache. Dr. Brandt: »Wir konnten zweifelsfrei nachweisen, dass es eine psychogene Lähmung war, und haben es schließlich geschafft, sie mit Hilfe einer intensiven psychologischen Betreuung zu lösen. Auf einmal konnte der junge Mann wieder laufen. Hinterher stellte sich heraus, dass er in einer schwierigen beruflichen Situation steckte. Das hat ihm so den Boden unter den Füßen weggezogen, dass es plötzlich seine Beine nicht mehr taten.« Brandt warnt ausdrücklich davor, solche Menschen als Simulanten abzutun: »Die reagieren in einer solchen Situation nicht bewusst. Es ist der Körper, der einfach die Notbremse zieht.«

Der Verdacht liegt nahe, dass solche Vorgänge auch in Horst Lichters Krankengeschichte eine wichtige Rolle gespielt haben könnten. Und es machte plausibel, warum das Phänomen »rechtshirnige Durchblutungsstörung« ab dem Zeitpunkt nicht mehr auftrat, an dem er sein Leben radikal umkrempelte. Trotzdem war es das wohl nicht allein. Immer wieder taucht in den Befunden ein zentraler Begriff auf: Essentielle Hypertonie. Eine lebensgefährliche Krise, ausgelöst durch enormen Bluthochdruck, so hoch, dass er bis zum Schlaganfall führen kann. Nahezu alle Patienten, die darunter leiden, haben das Phänomen geerbt. Nur in fünf Prozent aller Fälle lässt sich eine konkrete Ursache finden. Mit anderen Worten: Lichter könnte jederzeit wieder in eine solche Krise geraten. »Man darf da nicht naiv sein: Es kann wieder passieren – ohne dass er vorher einen schlechten Film gesehen hat«, sagt Josef Kaesmacher, als Leitender Notarzt oft der Mann für scheinbar aussichtslose Fälle. »Chronische Überlastung und Rauchen sind die beiden größten Risikofaktoren.« Vermutlich weiß Lichter das, und mit dem Wissen darum, dass etwas passieren *kann*, macht er nur noch das, was er wirklich machen *will*.

Entscheidung
Oder: Die englische Patientin

> »Du, wir kennen uns doch, oder?«
>
> »Wie bitte?«
>
> »Ja, klar, du bist doch Friseuse, oder?«
>
> »Ja, ich bin Friseuse. Aber wir kennen uns trotzdem nicht!«

Die junge Frau, die da so allein auf einer Bank im Klinikpark sitzt und die erste Maisonne genießt, ist eine äußerst attraktive Erscheinung. Selbstverständlich guckt ihr Lichter zuerst ins Gesicht und stellt fest, dass es ausgesprochen hübsch ist: feine Züge, ausdrucksvolle dunkle Augen, langes schwarzes Haar, kussfreudige Lippen. Restlos überzeugend findet der Autofan Lichter allerdings, was am Gesicht dranhängt: Zuerst kommt eine rasante Kurvenkombination, dann zwei lange Geraden. »Sie war Mitte 20 und hatte eine piepsige Verona-Stimme«, erinnert er sich, »die fiel allerdings nur allen anderen auf. Immer wieder fragten sie mich, Mann, wie kannst du nur mit dieser Stimme klarkommen?« Halli, hallo, hallöle! Nur Lutz Winter, der alte Lehrherr, versteht, warum es Lichter beim Anblick der geheimnisvollen Unbekannten so durchrüttelt: »Die war schon was zum Hingucken, vor allem, wenn sie sich zurechtgemacht hatte. Aber natürlich war da auch viel Friseuse drin.«

Es ist nicht nur das Äußere. Lichter ist fasziniert von der Geschichte der dunkelhaarigen Schönheit: Geboren in England, hat sie sich als Teenager von 16 Jahren

dort aufgemacht, um ihre deutsche Mutter zu suchen, weil die sich einfach aus dem Staub gemacht und sie beim Vater zurückgelassen hatte. Später hat sie dann einen Deutschen geheiratet, wohl auch, um endlich ein richtiges Zuhause zu haben – die schmerzhafte Vergangenheit ist sie trotzdem nie losgeworden. Und deshalb sitzt sie jetzt hier in der psychiatrischen Abteilung der Kölner Universitätsklinik, um ihr trauriges Herz zu reparieren.

Es ist der Tag, an dem Maggie in sein Leben tritt, und er ahnt nicht, dass sie es auf den Kopf stellen wird. Weil sie es liebt, dramatisch zu sein. Drama – das kann sie! Sie ist das Drama in Tüten. Und *auf* den Tüten steht »Otto« und »Quelle« und »Neckermann« und alles, was sonst noch Rang und Namen hat, wenn es darum geht, besonders gutmütige Männer mit besonders großzügigen Kreditlinien zuerst an den Rand der Pleite und später an den Rand des Wahnsinns zu treiben. Weshalb Lichter später sagen wird: »Wir glaubten damals beide, wir wären in der Vollkrise. Doch die wahre Vollkrise kam erst danach – und die hieß Maggie.«

Noch ist es nicht so weit. Sie reden stundenlang, er mag sie. Weil sie so unangepasst ist und frech, weil sie Ecken und Kanten hat und keinerlei Respekt vor irgendwas und irgendjemand. Sie hat einfach nichts mehr zu verlieren, sie ist eine Gebrochene, so wie er selbst. Sie wird eines seiner größten Talente, nämlich Frauen mit Worten zu streicheln, auf fatale Weise zur vollen Entfaltung bringen.

Denn Lichter ist ein Frauentyp. Er selbst bestreitet das: »Ich habe immer das Gefühl, die mögen mich nur, wenn sie Hunger haben.« Dagegen spricht allerdings seine Eitelkeit. Dagegen sprechen zahllose karierte Hosen und noch mehr Jacken. Dagegen spricht dieser Schnäuzer und die Tatsache, dass er ihn in jungen Jahren sogar mit der Wimperntusche der Mutter eingefärbt hat, um ihn markanter wirken zu lassen. Dagegen spricht auch, dass er jeden Pickel einzeln beschimpft, wenn er mal wieder welche hat. Und dagegen sprechen haufenweise Schuhe. Billige Schuhe?
»Nee, schöne Schuhe!«
Auch Turnschuhe?
»Nee, dann müsste ich ja Sport machen!«
Was sagt der Arzt dazu?
»Weiß ich nicht. Ich hab ihn lange nicht gesehen. Der kommt nur zum Essen.«
Mindestens fünfzehn Paar Schuhe besitzt Lichter. Das ist viel: Der handelsübliche Durchschnittsmacho kommt laut Statistik schon mit acht bestens klar (Frauen? Acht*zehn*!).
Auch wenn er anders wirkt: Es ist Horst Lichter nicht egal, wie er aussieht. »Frauen können so grausam sein!«, doziert er gerne. Er meint den Kenn-ich-nicht-rasier-ich-nicht-Moment morgens im Bad, den jeder Mann beim Blick in den Spiegel schon durchlitten hat. »Du guckst da rein und denkst, Alter, was siehst du fertig

aus! Und dann kommt die Frau, die du liebst, und sagt: ›Schatz, es kommt doch auf ganz andere Dinge an.‹ Da könnte ich die umbringen!«

Nur mit seiner Frisur hadert er nicht mehr. Das hat er vor langer Zeit hinter sich gebracht. »Meine Haare wachsen aus dem Kopf, und ab da kennen sie nur noch eine Richtung: abwärts. Die fallen runter wie verkochte Vollkornspaghetti – unfassbar scheiße sieht das aus!« Deshalb hat er seinem Freund Michael, einem Friseur, einmal einen Otto-Katalog mitgebracht. »Da war ein Typ drin mit so ner kessen Welle – die wollte ich unbedingt haben.« Anderthalb Stunden dauerte die Prozedur, dann holte Michael endlich die Lockenwickler aus Horstis Haar. Als er Lichter den Spiegel hinhielt, war der fassungslos: »Die Frisur war exakt wie im Otto-Katalog. Nur mein Gesicht passte nicht da rein – ich sah entsetzlich aus!« Zu Hause versuchte er, die Sauerkrautfrisur mit einer Kopfwäsche loszuwerden. Fast eine Stunde lang ließ er Wasser auf die schicke neue Dauerwelle fließen, dann rubbelte er sie trocken. Und dann: wumm! »Ich dachte, eieiei, du siehst ja aus wie Roberto Blanco mit Stromschlag.« Also griff er zu Muttis Haarfestiger. Eine halbe Flasche und einen Föhngang später war die Katastrophe perfekt: »Danach hatte ich plötzlich eine Pelzmütze auf dem Kopf!« Seitdem hat er haarige Experimente aller Art bleiben lassen.

Maggie findet ihn auch so gut. Und er sie. Das kriegt sogar die Mutter mit, als sie ihn in der Klinik besucht. »Als ich ankam, wartete er auf mich in einem völlig überfüllten Aufenthaltsraum. Horst sah sehr krank aus und wirkte abwesend. Wir saßen uns gegenüber, aber er sah mich gar nicht an. Stattdessen linste er ständig an mir vorbei. Ich drehte mich um und dachte nur, oh Gott, nicht das auch noch!« Die junge Frau, die da sitzt, ist niemand anderes als Maggie. Mama hält ihm eine Standpauke: »Denk dran, du hast zu Hause Frau und Kind, du wirst wieder Vater!« – aber es ist längst zu spät. Immer wieder besucht er Maggie, die eine Etage tiefer liegt. Die hochschwangere Christine kommt stattdessen immer seltener. Lichter ignoriert sie. »Es muss für sie sehr schwer gewesen sein, mit dieser Situation umzugehen. Ich fing an, ganz komische Gedanken zu entwickeln, weil ich spürte, dass unsere Beziehung am Ende war. Gleichzeitig freute ich mich auf die Geburt der Kleinen. Sie war das Mädchen, das sich vor allem Christine so lange gewünscht hatte.« Es ist zum Heulen – vor Glück und aus Verzweiflung. Lichter gerät unter Druck: Wenn nicht jetzt, wann dann soll er den entscheidenden Schritt wagen? »Ich sagte mir: Du lebst ein falsches Leben. Es ist *dein* Leben. Und jetzt musst du es ändern.«

Es ist zum Heulen – vor Glück und Verzweiflung

Die dunkle Ahnung wird zur Gewissheit – schon wenige Wochen später. Als sein kleines Mädchen zur Welt kommt, liegt Lichter noch immer im Krankenhaus. Weil der junge Vater den Ärzten leid tut, erlauben sie ihm, nach Hause zu fahren. Sie sind alle gekommen: die Mutter, die Schwiegereltern, die ganze Verwandtschaft. Christopher tobt herum. Die Kleine schläft friedlich vor sich hin, und ab und zu schnarcht sie leise, so, wie es fast alle Babys tun, wenn sie besonders tief schlafen, weil sie in dem sicheren Gefühl eingeschlummert sind, dass Mama und Milch im Notfall nicht weit sind. Es ist ein schönes Bild, sie so zu sehen. Sie haben sie Janina genannt.
Und er? Sitzt da zwischen ihnen, in dem Haus, das er zusammen mit seinem Vater gebaut hat, und sieht selbst aus wie ein alter, kranker Mann: grau, blass, müde.

Das Haus hatte eine sichere Höhle für stürmische Zeiten sein sollen. Doch er fühlt sich hier nicht mehr sicher. Die seltsamen Gedanken in seinem Hinterkopf haben sich noch breiter gemacht und liegen ihm jetzt auch schwer im Magen. Es gibt Kaffee mit Kuchen und Krise. So viel Krise, dass er ganz still wird. »Der arme Kerl hat in einer Ecke gesessen und kein Wort gesagt. Als ob er gar nicht da wäre«, erinnert sich die Mutter. Plötzlich raunzt ihn der Schwiegervater von der Seite an: »Na Junge, wie viele Kinder willst du noch machen?« Keine Antwort. »Das muss für ihn wie in einem schlechten Film gewesen sein«, glaubt die Mutter. »Jeder konnte spüren: Der ist hier einfach nicht mehr zu Hause.« Das zu merken und ihren Sohn in diesem Zustand zu sehen, hält sie nicht lange aus. »Ich bin nach Hause gegangen und habe geweint.«

Aufbruch
Oder: Käffchen in England

Als Lichter das Krankenhaus nach Wochen endlich verlassen kann, hat er zwei Entscheidungen getroffen.

Erstens: Er will das jetzt durchziehen. Das machen, wovon er immer geträumt hat. »Ich wollte meinen eigenen Laden bauen, es zumindest versuchen. Mir war bewusst: Wenn ich es jetzt nicht tue, dann tue ich es nie mehr. Denn beim nächsten Mal werde ich tot sein.« Zweitens: Er will auf'n Kaffee nach England.

Maggie hat ihm erzählt, dass sie nach der Behandlung zurückgehen würde nach Derby. Also hat er sie kurz vor ihrer Abreise nach der Adresse gefragt, und jetzt hockt er allen Ernstes auf der Fähre nach Dover und kriegt das erste Mal richtig Muffensausen. Er hat ja dieses kleine Englischproblem: »Hello. Yes. No. I'm hungry.« Würde das reichen? Und fuhren die nicht alle auf der falschen Seite? Es wird seine ganz persönliche Rallye: Rommerskirchen – Mittelengland. Und irgendwie auch: Intensivstation – Geburtsstation. Ja, es ist wie eine Geburt! Lichters zweites Leben beginnt hier auf der Autobahn kurz hinter Köln, in einem giftgrünen, alten Porsche: »Ich hatte ihn erst seit drei Tagen. Es war ein wunderschönes Auto: schwarzes Leder, tief, breit, flach, geil.« Als die Mutter gehört hat, dass ihr

Horst ganz allein nach England fahren will, ist sie fassungslos gewesen: »Ich sagte ihm, du hast doch eine Familie zu Hause sitzen! Das kannst du doch nicht machen! Ich glaube, dass unser Horst seit diesen Schlägen so'n kleinen … (lange Pause), nein, er lebt sein Leben.«

Dass er anfängt, das so konsequent zu tun, hängt wohl auch mit seiner körperlichen Verfassung zusammen. Er ist kraftlos, wirkt aufgeschwemmt. Richtig dick! Der lange Krankenhausaufenthalt und die vielen Medikamente haben Spuren hinterlassen: Die Waage zeigt 98 Kilo. Er hat nichts mehr zu verlieren, außer ein paar Pfunden vielleicht. Es hat sich schon während der zweiten Reha angedeutet, die er in irgendeinem Kaff an der tschechischen Grenze über sich ergehen lassen musste. Weil er gespürt hat, dass sie ihm in der supermodernen Psychoklinik – »So'n Glasding mit Wasserspielen und Kokolores!« – auch nicht helfen können, hat er sich in seinem Frust am Ende sogar mit Ärzten und Patienten angelegt. »Da war zum Beispiel diese megaverzogene Göre: dunkelhaarig, sehr hübsch. Offizielle Diagnose: Bewusstseinsirgendwat mit fehlendem Selbstbewusstseinstralala. Uns allen war klar, die hat ne ganz andere Diagnose – nämlich: verwöhnt! Sie kam aus einer sehr wohlhabenden Familie. Das Kindchen hat dort immer alles bekommen, weil es immer eine Auswahl an Menschen gab, zu denen es gehen konnte. Wenn Mama Nein sagte, dann marschierte es zu Papa. Wenn Papa auch Nein sagte, dann ging es zur Oma, die dann Ja sagte. Wenn Oma nicht Ja sagte, dann Opa auf jeden Fall. Später, als junge Frau, hat sie es dann mit ihrem Mann genauso gemacht. Und es war faszinierend zu beobachten, wie sie sich auch in der Klinik ein solches System aufbaute: Einen jungen Herren, mit dem sie flirtete – das war der Ersatz für ihren Ehemann. Dazu einen älteren Herren – das war der Ersatz für Papa. Dann noch einen für Opa, einen für Oma, und am Ende hat ihre Welt wieder funktioniert. Irgendwann sind wir fürchterlich aneinandergeraten, weil ich ihr gesagt habe, dass sie endlich mal lernen muss zu verzichten, mal was für andere zu tun. Und ich verstehe bis heute nicht, warum ihr das keiner von den Psychologen mal deutlich gemacht hat.«

All das geht ihm durch den Kopf, während er jetzt so bleich und bräsig in seinem Porsche durch England brettert. Was für eine schwere Zeit, die hinter ihm liegt! Und: Könnte es nicht auch ihm ergehen wie der jungen Frau aus der Klinik? Dass er nämlich bald von einem Psychologen zum nächsten tingelt, nur weil er zu feige ist, längst fällige Entscheidungen zu treffen? Ja, und deshalb ist es gut, dass er sich einfach getraut hat, einfach losgefahren ist. Und er ist fast ein bisschen überrascht davon, wie einfach das war: Schlüssel umdrehen, Gang einlegen, Gas geben – Neuanfang hat er sich irgendwie spektakulärer vorgestellt.

Maggie ist vollkommen überrascht, als er am frühen Nachmittag tatsächlich an ihrem Gartenzaun steht: »Du hier?« Ja, er hier, und er ist begeistert! Nicht nur von ihr: Derby ist ein spannender Ort für einen wie ihn, der alles mag, was alt ist und Geschichte hat. »Das war wie eine Zeitreise in die 50er-Jahre: Die Häuschen alle gleich, nur die Türen in unterschiedlichen Farben. Dazu kleine Gärten, in denen alte Ehepaare saßen.« Dann – es ist mittlerweile spät geworden, weil sie ihm die Stadt gezeigt hat, die einst ein Zentrum der Industriellen Revolution gewesen war, mit eigener Kathedrale, Industriemuseum und der ersten wasserbetriebenen Seidenspinnerei – bringt sie ihn ins Hotel. Und zu seiner großen Überraschung bleibt sie da.

Als Lichter am nächsten Morgen aufwacht, geht es ihm gut wie schon lange nicht mehr. Sein neues Leben ist genau einen Tag alt. Und trotzdem fühlt er sich um Jahre jünger. Er ist sich jetzt ganz sicher: Er würde es riskieren und diesen Laden aufmachen! Diesen total wahnsinnigen Laden, in dem er Jahre später für Kölner Rocker Waffeln backen wird. In dem Mick Jagger beim Abendessen sitzen und den Lichter nicht erkennen wird, weil er vor lauter Falten den Rest nicht sieht. Und in dem kleine Jungs ihre Väter regelmäßig fragen werden: »Papa, warum ist der Horst so bekloppt?« Doch von alledem ahnt er noch nichts.

Der Laden
Oder: Ein Klub für Spinner

November 1989, Mauerfall. Nicht nur das Leben von Horst Lichter ist aufregend wie selten zuvor, ganz Deutschland ist von den Socken.

Als die ersten Kamerateams Bilder aus dem DDR-Alltag mit nach Hause bringen, begreift der Westen fast über Nacht, dass der Osten mehr ist als nur die Abwesenheit von Bananen. Umgekehrt stellen die Ossis plötzlich fasziniert fest, dass es bei den Wessis lilafarbene Kühe gibt. Noch beeindruckender finden die Wessis, dass es bei den Ossis lilafarbene Haare gibt, die auf den Namen Margot hören. Und während in Berlin Zehntausende die neue Freiheit genießen und wie besoffen vor Glück von West nach Ost torkeln, um dann wieder von Ost nach West zurückzutaumeln, so, als ob es schlecht gelaunte Vopos und Spanische Reiter nie gegeben hätte, erlebt Lichter seine ganz persönliche Wende. Auch seine kommt ähnlich plötzlich, und auch er pendelt. Nicht von West nach Ost, sondern von vorne nach hinten. Und nicht in Berlin, sondern in einem abbruchreifen Tanzsaal in Butzheim, einem Ortsteil von Rommerskirchen, nur wenige Kilometer von zu Hause entfernt.

Er hat angehalten, weil vor der Halle drei, vier alte Autos stehen, die ihn interessieren. Doch aus irgendeinem Grund hat er sich entschlossen, diese Halle jetzt

auch zu betreten. Was für ein herrlicher alter Schuppen! Sieht aus wie ein umgestülpter Schiffsrumpf, nein, eher das Gerippe davon. Kein Putz an den Wänden, Lehmboden, eine Mauer teilt den Raum in zwei Hälften: hinten jede Menge Gerümpel, vorne eine Autowerkstatt. Und der Besitzer kommt geradewegs auf ihn zu: klein, dunkelhaarig, glutäugig – so feurig wie das Land, aus dem er kommt. Er ist Sizilianer und heißt Rocco Pepe.

»Was du wolle?«

»Ich würde gern die Halle mieten.«

»Isse nix meine Alle, musst du frage Cheffe!«

Lichter geht nach hinten.

»Ich würde gern die Halle vorne anmieten.«

»Jung, dat jeht net, da is doch der Rocco drin. Wenn der rausjeht, dann kannste die haben.«

Lichter geht nach vorne.

»Was sagen Cheffe?«

»Wenn du rausgehst, dann kann ich sie haben.«

Rocco Pepe flippt aus.

»Isse keine Problema! Wenn Cheffe sagen, ich gehen raus, dann ich gehen raus! Kanne mich an Arsche lecke!!«

Lichter geht nach hinten.

»Der Rocco sagt, er geht raus.«

»Wie, der geht raus? Der ist doch seit sechs Jahren drin!«

Lichter geht nach vorne, Cheffe auch.

»Rocco, wat is los?«

»Du kannste mich an Arsche lecke!! Wenn du sagen, geh raus, dann ich raus! In paar Tage is alles sauba! Idiota!!«

Und während der verdutzte Lichter noch denkt, Mensch, war wohl ein Missverständnis, holt der Chef schon den Zollstock raus. Eiligen Schrittes vermisst er den ganzen Raum, dann steht der Preis fest: »Hier passen 20 Wohnwagen rein. Für jeden von denen würde ich 35 Mark im Monat kriegen: macht 700 Mark!« Wohnwagen als Grundlage für eine Restaurantmiete: Lichter schlägt ein und ist danach ungefähr so pleite wie die DDR.

Trotzdem hat er eine genaue Vorstellung davon, was aus dem alten Tanzsaal werden soll: »Da sollte alles rein, was ich liebe: Autos, Motorräder, Antiquitäten, Kunst, Kitsch, Essen, Trinken, alles, was dazugehört, damit ein Mensch sich wohlfühlt.« Und fügt hinzu: »Einer wie ich.« Ja, einer wie er und solche wie die alten Leute aus dem Rehazentrum an der Mosel. »Die sprachen immer von ihrem Lädchen, in das sie als Kinder gegangen waren. In dem man freundlich zueinander war und höflich, und in dem man auch mal anschreiben konnte. Genau das wollte ich auch: kein Restaurant, ich wollte einen Laden.« Wovon er den bezahlen soll? Er weiß es nicht.

In den folgenden Wochen und Monaten verhökert er alles, was er hat: Autos, an denen er nicht mehr hängt, Motorräder, die er nicht mehr braucht – macht alles zu Geld. Fährt nachts los, um Sperrgut zu sammeln. Fragt jeden, den er kennt, um Baumaterial. Dann hört er, dass ganz in der Nähe eine alte Mühle abgerissen wird und dass sie ihm alle Balken und Bretter schenken wollen. Sofort fährt er los. Doch als er und seine Freunde dort ankommen, merken sie schnell, dass die Balken dummerweise noch eingebaut sind. Also schneiden sie das Zeug da raus, Tag und Nacht, und schaffen es nach Butzheim. Und sie gießen einen Betonboden für die Ewigkeit! Als der Lasterfahrer den Sand dafür vor die Tür kippt, ist Lichter fassungslos: Die Sahara ist jetzt mitten in Rommerskirchen! Es sind unglaubliche Mengen, vor allem für einen wie ihn, einen Koch, der in Gramm, Pfund und Kilo denkt – und nicht in Zentnern und Tonnen.

Haufenweise Ärger kriegt er auch; Lieferung frei Haus. »Ich habe nächtelang durchgearbeitet und war kaum noch da. Christine hat darunter gelitten. Aber ich hatte auf einmal eine ungeheure Energie. Woher die plötzlich kam, weiß ich nicht.« Seine Ärztin schon. Ihr Patient Horst Lichter, dem sie zwei Jahre zuvor auf so dramatische Weise das Leben gerettet hat, als er gerade dabei war, es zu verlieren, ist auf dem besten Weg, sich ein ganz neues Leben zu erkämpfen. »Er blühte richtig auf –

Er blühte richtig auf – es war beeindruckend

es war beeindruckend! Ich glaube, wenn Herr Lichter sein altes Leben weitergelebt hätte, dann wäre er heute tot.« Das sagt sie auch der Mutter, als die bei ihr in der Praxis erscheint: »Was kann ich bloß tun, damit unser Horst diesen Blödsinn dahinten nicht macht?«, jammert sie. Was dann folgt, ist eine Gardinenpredigt von der Sorte, die für immer im Gedächtnis bleibt: »Frau Lichter, was ist Ihnen lieber? Ein lebender Sohn, der sein Leben so lebt, wie er sich das vorstellt? Oder einer, dem Sie jede Woche Blümchen ans Grab stellen?«

Natürlich tuschelt das ganze Dorf schon nach kürzester Zeit über das, was da in dem alten Schuppen vor sich geht. Vor allem die Mutter kriegt es zu spüren: »Ich wurde immer wieder angesprochen. Die Leute dachten, unser Horst ist nicht mehr normal. Ich habe oft nachts wachgelegen und mich gefragt, ob er vielleicht doch etwas zurückbehalten hat.« Doch er lässt sich nicht beirren. Macht einfach weiter. Sein alter Freund Nicolin kommt regelmäßig vorbei, um ihm zu helfen. Auch den beschleicht das ungute Gefühl, dass Lichter irgendwie verrückt geworden sein muss: »Keiner konnte sich vorstellen, dass man mit so etwas jemals ernsthaft Geld verdienen würde.«

Einer glaubt an ihn: Richard Lenzen, der Charles Bronson vom Schrott. »Als Horst mit dem Laden anfing, dachten wirklich viele im Dorf, er sei plemplem. Aber man konnte ihm ansehen, wie es mit ihm bergauf ging.« Das ist das eigentlich Verrückte an seinem Verrücktsein: Je bekloppter sie ihn finden, je verrückter sie sich selbst machen mit diesem verrückten Typen in dieser verrückten Scheune, desto stärker wird der. Weil er spürt, wie leicht es ist, sie zu verunsichern. Und weil er jetzt endgültig weiß, dass hinter ihrer kleinbürgerlichen Fassade nicht viel steckt – geahnt hat er das ja schon immer. Seit seinen Zusammenbrüchen weiß Lichter, dass die Zeit in seinem Leben ganz schnell wieder knapp werden kann. Deshalb verliert er keine mehr. Er will keine Sekunde mehr vertrödeln für ein Leben in faulen Kompromissen und destilliert aus dieser Erkenntnis eine einfache Lebensphilosophie. Als Lenzen ihn fragt, ob er nicht ein wenig kürzertreten wolle, um auf seine angeschlagene Gesundheit Rücksicht zu nehmen, erklärt ihm Lichter kurz und knapp: »Entweder es klappt. Oder es klappt nicht.«

Entweder es klappt. Oder es klappt nicht

Es klappt tatsächlich! Am 28. Januar 1990 eröffnet er seinen Laden. Über hundert Leute sind gekommen – er ist stolz wie Bolle! »Obwohl der Laden eigentlich halb leer war, war er wunderschön.« Drei, vier alte Jaguars stehen drin, ein paar Motorräder, zwei Schränke. Es gibt eine Ecke mit Büchern, an der Wand drei Bilder – die hat er selbst gemalt. Die Motive sind eine sehr eigenwillige Interpretation: Sie zeigen die Heilige Dreifaltigkeit, so, wie der Künstler Horst Lichter sie sieht. Religiös ist das Motiv nicht, eher luxuriös: die Wappen von Ferrari, Porsche und Jaguar – in Wasserfarben. Dazu die Sofaecke mit nem Sofa vom Sperrgut, selbst gebastelte Fenster aus Dachlatten und alten Scheiben, ne Tür, die er mal in einem Abbruchhaus in der Eifel gefunden hat, und ein Steingutwaschbecken an der Wand, natürlich ohne heißes Wasser – soll ja alles so sein wie vor hundert Jahren! Die zwei Tische und Stühle, die heute noch da stehen, hat er Kölner Obdachlosen abgekauft, die halbantike Taucherglocke hat ihm Richard Lenzen geschenkt, die rostige Gießkanne für den Brunnen im Garten auch, und den 150 Jahre alten belgischen Kohleofen, auf dem er noch immer kocht, hat er aus der Eifel geholt. »Ich nannte den Laden ›Spinnerklub‹, weil alle sagten, ich sei irre. Für eine Mark Beitrag warst du lebenslang Mitglied und durftest am Sonntag zu Kaffee und Kuchen kommen.«

Dummerweise kommt keiner. Dabei verfügt der Spinnerklub doch über eine hervorragende Anbindung an das örtliche Straßenverkehrsnetz! Er liegt direkt an der berüchtigten B477 – offiziell »Düsseldorf Nebenstrecke«, inoffiziell »Düsseldorf Rennstrecke« für GTI-Fahrer. Offenbar sind es so viele, dass eigene Schilder darauf hinweisen: »Unfallstrecke« steht da. Trotzdem und trotz der grandiosen Eröffnungsfeier kommen höchstens mal ein paar Kumpels, mit denen er um Maggiwürfel Mau-Mau spielt. »Wenn dann mal jemand anderer kam, bin ich direkt zu dem hingerannt, hab ihm die Hand gegeben und gesagt: ›Ich bin der Horst, guck dich in Ruhe um‹ – aber es gab ja kaum was zum Gucken.«

Umso mehr fallen die auf, die an einem warmen Sonntagnachmittag plötzlich in der Tür stehen. Die hat er hier noch nie gesehen! Lichter sitzt gerade mit Christine und seiner Mutter bei Kaffee und Kuchen. Es sind zwei Mittfünfziger. Er in einem dieser hellbraunen Wildleder-Blousons mit Leder-Applikationen, wie sie gerne von dynamischen Düsseldorfer Frührentnern getragen werden, die am Samstagmorgen im Kaufhof Prosecco trinken. Sie dagegen im beigen Kostüm, schwer behängt mit Gold und Silber und Mengen von Perlen. Ihre vielen Ketten glänzen wie das schönste Lametta! Jo, is denn heut' scho' Weihnachten? Ohne sich lange umzusehen, gehen die beiden schnurstracks auf die Sofaecke zu und bestellen Kuchen. Lichter ist entsetzt: »Ich hatte keinen mehr.« Es ist nicht zu fassen! Die ersten Kunden, die ausnahmsweise mal keine Motorradkumpels sind – und dann ist der Kuchen aus! »Mama hat direkt geschaltet: Ohne mit der Wimper zu zucken stand sie auf, hat den von unserem Tisch weggenommen, und wenig später stand mein Marmorkuchen bei der Behängten auf dem Tisch und wurde von ihr mit drei Gabelstichen vernichtet.« Da lernt er zum ersten Mal, dass ein Gastronom stets auf alle Eventualitäten vorbereitet sein muss.

Und er lernt, dass ein guter Wirt trickreich sein muss. Ihm ist aufgefallen, dass seine Pfannkuchen immer dann besonders gefragt sind, wenn es in seinem Schuppen besonders lecker riecht. Also streut er, sobald das erste potenzielle Opfer den Kopf zur Tür reinstreckt, Zucker auf den Kohleofen. Wenn die Kristalle dann Sekunden später karamellisieren, steigt der arglosen Beute ein dermaßen verführerisch herrlicher Geruch in die Nase, dass sie keine Chance mehr hat: »Nee, wat riecht dat lecker hier!« Darauf er ganz scheinheilig: »Wenn du möchtest, mach ich dir lecker Pfannkuchen.« Oder er brät Speck in der Pfanne an, obwohl keiner Speck bestellt hat. Nach spätestens zehn Minuten bestellt ihn jeder – Widerstand zwecklos. Lichter lernt: Der Weg zu mehr Umsatz führt direkt über die Nase der Gäste.

Nur ihm schmeckt die Sache noch nicht. »Ich hab mich am Anfang nicht getraut zu sagen, was das Essen kosten soll. Deshalb hab ich ein Zuckerdöschen auf den Tisch gestellt und den Leuten gesagt, tut einfach rein, was ihr denkt.« Das geht so lange gut, bis er eines Tages sechs Kölner Rocker da sitzen hat. »Zuerst hatten sie *deftige* Pfannkuchen, dann *süße* Pfannkuchen, dann Weinchen, dann Bierchen, dann noch'n Weinchen, und am Ende haben sie auch noch Kaffee getrunken.« Der Nachmittag ist ein voller Erfolg – für die Rocker. Lichter findet später in seiner Zuckerdose exakt fünf Mark. Auch daraus lernt er und macht es heute umgekehrt: Wer zu ihm in den Laden kommt, erfährt erst hinterher, wie viel es kostet.

> **Obwohl sie sich in einem langen, letzten Gespräch darauf vorbereitet haben, wird es eine dramatische Trennung.**

»Christine und ich hatten beschlossen, dass sie mit den Kindern im Haus bleibt. Außerdem sollte sie jeden Monat mein komplettes Gehalt aus der Brikettfabrik kriegen.« Und er? Würde schon irgendwie klarkommen. Wenn alle Stricke rissen, konnte er ja immer noch zu Richard Lenzen und seinen Hängebauchschweinen – letzte Ausfahrt Müllermilch Schoko.

Ja, sie wollten es ganz vernünftig abwickeln. Aber was heißt schon vernünftig? Nach zehn Jahren Ehe! Nach all der *schweren* Zeit! Nach all der *schönen* Zeit! Mit zwei kleinen Kindern! Sie weint, schreit, tobt, schmeißt ihm die Klamotten auf die Straße. Und als er seine paar Habseligkeiten wenig später einsammelt, weint auch er. Ihr gemeinsamer Traum vom kleinen Häuschen, in dem für immer das große Glück wohnen sollte, ist, wie sich jetzt zeigt, eine Seifenblase gewesen: schön, aber unendlich zerbrechlich. Und das, was er da jetzt in seinen weißen Seat Kastenwagen lädt, sind die traurigen Reste davon: Reste von Klamotten, Reste von Hoffnungen und der jämmerliche Rest Würde, der ihm noch geblieben ist. Er hat ein

entsetzlich schlechtes Gewissen: »Ich verstehe heute, warum Christine damals so ausgeflippt ist. Ich habe den Plan für unser gemeinsames Leben, den sie mit so viel Liebe entworfen hatte, zerstört. Das tut mir sehr leid.« Lutz Winter, der alte Grantler, glaubt nicht, dass die Ehe unglücklich war: »Die Ideen der beiden gingen einfach aneinander vorbei.«

Auf Dauer aneinander vorbei – das reicht nicht für ein gemeinsames Leben. Nebeneinander her, das weiß Lichter heute, auch nicht. Nur miteinander geht. Und das heißt in seinem Fall: Er verfolgt leidenschaftlich und fast schon manisch seinen großen Traum vom Laden, in dem der Entertainer Lichter eine Bühne nur für sich allein hat, und die, die er liebt, muss bedingungslos mitziehen. Nada, seine kroatische Lebensgefährtin, tut das – und sie tut ihm gut. Seit fast zehn Jahren. »Horst ist ein Riesenkind«, sagt sie. »Wenn man den hat, dann braucht man kein eigenes mehr. Und wenn ich sehe, wie er auflebt, wenn er mit seinen Gästen Spaß hat oder wenn er sich mal wieder ein neues Auto gekauft hat, dann lasse ich ihn

einfach. Entweder akzeptiere ich ihn so, wie er ist, oder ich muss gehen. Denn einen anderen Horst gibt es nicht.«

Mit Kastenwagen und Klamotten ist Lichter wenig später unterwegs zu einem seiner vielen Kumpels. »Ich sagte zu dem: ›Hör mal, ich weiß gar nicht, wo ich heute Nacht pennen soll.‹ Worauf der sagte: ›Ja, das weiß ich auch nicht.‹« Glücklicherweise sind Baumärkte verlässlicher. Bei »Mobau Nagel« in Rommerskirchen kauft er sich sechs Quadratmeter neues Leben: Bretter, Schrauben dazu, und dann zimmert er sich unterm Dachstuhl, mitten im Restaurant und genau über den Köpfen der Gäste, einen primitiven Holzverschlag. Einer seiner wenigen *echten* Freunde, Eckard Paffenholz, Teppichhändler aus Kleve, schenkt ihm ein paar Matratzen. Über eine Aluleiter klettert er von nun an jeden Abend in seine Behausung hoch und morgens wieder runter. Er putzt sich auf dem Gästeklo die Zähne, duschen kann er nur in der Brikettfabrik.

Trotzdem stinkt ihm dieses Leben nicht, das er da jetzt führt. Er hat zwar bedenklich viel Gewicht verloren und ist nur noch ein dünner Hering von 75 Kilo – doch er ist engagiert wie nie! Steht bis Mitternacht im Laden, steht morgens um vier schon wieder auf: Frühschicht im Kraftwerk. »Ich hatte teilweise nur drei Stunden Schlaf«, sagt er. »Und ich hab mir oft überlegt, wenn jetzt einer käme und würde sagen: Todesspritze – ja oder nein? Ich hätte sie glatt genommen – so müde war ich!« Vor allem der Winter ist hart. »Ich stand auf, kletterte die Leiter runter und lief dann mit meinem halbnackten Arsch quer durch die eiskalte Halle, bis ich mein ›Badezimmer‹ erreicht hatte. Ich hatte ja keine Heizung, nur meinen Kohleofen. Da fiel mir ein, was meine Oma mir immer erzählt hatte: ›Früher wurden die Briketts abends in Zeitungspapier gewickelt, damit man morgens noch Glut hatte.‹« So macht er es ab sofort auch.

Viel wichtiger aber ist, dass der andere Funke gerade überspringt! Seine Idee spricht sich herum, fast wie ein Lauffeuer. »Auf einmal kamen immer mehr Menschen. Man erzählte sich, da lebt so'n Irrer in so ner Scheune, und der macht für ein paar Mark die geilsten Pfannkuchen, die du je gegessen hast. Da musste mal hin!« Der WDR schickt sogar ein Kamerateam, um über ihn zu berichten. Und dann passiert das, was er sich bis heute nicht so richtig erklären kann: »Plötzlich brachten mir die Leute altes Geschirr mit, alte Tische, Stühle, Bücher, Schreibmaschinen, Fotoapparate, sogar alte Filmkameras waren dabei.« Und jede Menge Gerümpel. Manche bringen einfach das, was sie zu Hause loswerden wollen – Spinnerklub statt Sperrmüll.

Lichter genießt diesen ersten, bescheidenen Erfolg: »Ich erinnere mich noch an den Abend, an dem ich zum ersten Mal hundert Mark in der Kasse hatte.« Und er ertappt sich dabei, wie er beginnt, noch etwas anderes zu genießen: die Anwesenheit einer jungen dunkelhaarigen Frau – Susanne heißt sie. Sie hilft gelegentlich aus und fasziniert ihn. Nicht nur, weil sie sehr hübsch ist, sondern weil sie offenbar auch ihren eigenen Kopf hat. Obwohl sie verheiratet ist, gibt sie sich nicht damit zufrieden, zu Hause für ihren Mann das Heimchen am Herd zu spielen. Die Umstände sind denkbar schwierig: Nicht nur sie lebt in einer festen Beziehung, auch er ist immer noch mit Christine verheiratet und für den Fall, dass sie beide das vergessen sollten, würde man sie ganz schnell daran erinnern – in Rommerskirchen haben sie so etwas immer im Blick.

Lichter verknallt sich trotzdem und beginnt mit Susanne eine leidenschaftliche Affäre. Immer wieder nimmt er sie mit auf seinem Motorrad, sie verbringen schöne Stunden. Und trotzdem spürt er: Sie quält sich. Plötzlich erscheint sie bei seiner Mutter, um mit der darüber zu reden und wohl auch in der vagen Hoffnung, auf Verständnis zu treffen. Doch die macht ihr unmissverständlich klar, was sie davon hält: nichts. Nennt es eine Liebelei, die wieder vergehen würde, und außerdem und sowieso und überhaupt.

Eine Liebelei, die wieder vergeht

Und dann kommt, ohne dass es vorher auch nur den leisesten Hinweis gegeben hätte, der Moment, in dem sie aus seinem Leben verschwindet. Und zwar so, wie Verschwinden ist, wenn es besonders grausam sein soll: Sie taucht unter, ist einfach weg, spurlos. Kein Brief, kein Anruf – nichts! Er versteht die Welt nicht mehr, und wenn er heute darüber spricht, dann bemüht er Vergleiche, blumige Vergleiche, die verbergen sollen, was in ihm damals wirklich vorging – und es gerade deshalb offenbaren. »Das ist so, als würde die Sonne jeden Tag aufgehen – und dann plötzlich nicht mehr.« Stundenlang bespricht er die Situation mit seinem Freund Eckard, dem Teppichhändler, sucht verzweifelt nach einer Erklärung.

Es gibt sie. Und er *kriegt* sie auch. Sieben Monate später. Er steht gerade hinter seinem Kohleofen, als das Telefon klingelt. Am anderen Ende ist Susannes Mutter, und sie gratuliert ihm: zu einer gesunden Tochter. Zu seiner Tochter! Das hat er nicht gewusst. Er ist wütend, und das Eis wird erst zwei Jahre später brechen – ausgerechnet vor Gericht. »Susanne hat mich auf Unterhalt verklagt, obwohl sie ursprünglich keinen gewollt hatte. Sie kannte ja meine angespannte finanzielle Situation.« Als der Richter anfängt, die Klage vorzulesen, passiert es: »Plötzlich stand die Kleine auf, lief zu mir rüber, setzte sich auf meinen Schoß und fing an, mit mir zu spielen.« Der Richter ist irritiert – das hat er noch nicht erlebt!

»Kennen Sie das Kind?«

»Nein, ich habe es nur als Baby gesehen.«

»Erkennen Sie die Vaterschaft an?«

»Ja, selbstverständlich.«

»Wir stellen das Verfahren ein!«

Trotzdem verliert er den Kontakt zu seinem Kind wieder. Susanne, längst getrennt von ihrem Mann, heiratet erneut, bekommt noch ein Baby.

»Das ist eine sehr glückliche, gesunde Familie. Da kann ich doch nicht einfach aufkreuzen und sagen: ›Hallo, ich bin dein Papa!‹«

Er kennt seine Tochter nur von Bildern und weiß, dass sie ein sehr hübsches, künstlerisch begabtes Mädchen ist. »Sie malt, tanzt, ist sehr kreativ. Vielleicht hat sie diese Ader ja von mir.«

Dann spricht er nicht mehr weiter.

Spot an!
Oder: Mit Videorekorder zu Herrn Kniepen

> Im Dorf überschlagen sich die Gerüchte: Vor kurzem hat einer vor Lichters Laden den ersten Ferrari gesehen.

Heute ist schon wieder einer da – ein gelber! Düsseldorfer Ferrari-Fahrer in Rommerskirchen? Und dann zum Essen in diesem Schuppen? Der heißt jetzt »Oldiethek«, weil der bekloppte Lichter findet, dass »Oldiethek« besser passt. Er gibt ja immer fürchterlich damit an, dass in seinem Laden angeblich alles total »oldie« sei. Dabei will er in Wahrheit doch nur *sie* alt aussehen lassen! Mit seinen neuen, reichen Freunden aus Düsseldorf und diesen langhaarigen Rockern aus Köln. Neulich standen 30 Mann auf'm Hof – da haben sie es mit der Angst zu tun gekriegt! Sie haben doch genau gehört, wie einer von denen zum Lichter gesagt hat: »Ey, Alter, das ist ja voll abgefahren hier. Und wenn du mal'n Problem hast, dann sach' Bescheid, Alter!«

Ein Problem? Der Lichter? Mit ihnen? Niemals! Naja, hin und wieder vielleicht. Neulich ist einer Nachbarin der Kragen geplatzt. Quer durchs Rathaus ist sie gejagt, weil das doch vollkommen unmöglich ist, was der da macht! Das sind doch eindeutig Gestalten aus dem Milieu – oder etwa nicht? Und dann immer diese Rockertreffs! Ganz zu schweigen von den Parkplatzproblemen. Als ob sie in Rom-

merskirchen jemals Parkplatzprobleme gehabt hätten! Noch nicht mal buchstabieren konnten sie das! Und wie der Hof erst aussieht! Überall kaputte Autos, und in den Bäumen hängen alte Motorräder. Also, normal ist das nicht.

Normal nicht – aber lustig. »Plötzlich kamen Menschen aus allen Schichten: Malocher, Ärzte, Lehrer, Zuhälter, Polizisten.« Und Beamte kommen auch. Den netten Herrn vom Gesundheitsamt, der eines Tages in der Tür steht, trifft fast der Schlag. So etwas hat er noch nie gesehen! Und eigentlich findet er den Laden richtig gut. Die Sache ist nur die: Er *darf* ihn gar nicht gut finden. Weil vernünftige Toiletten fehlen, weil eine ordentliche Absauganlage fehlt, und weil die Spülanlage unter aller Kanone ist. Wenig später hat Lichter ein 50 000-Mark-Problem – sein Laden steht vor dem Aus!

Er also wieder hin zu dem gegelten Schnösel von Kreditberater, der ihn schon beim Hausbau in arge Schwierigkeiten gebracht hat: »Guten Tag, ich bräuchte 50 000

Mark.« Darauf der: »Herr Lichter, wer bräuchte die nicht?« Dann erklärt er ihm, dass er doch gar keine Sicherheiten besäße. Lichter würde ihm am liebsten an die Gurgel gehen. Stattdessen geht er nach Hause – natürlich ohne Kredit. Was jetzt? Bloß nicht aufgeben! Es geht doch um seinen Traum! Da fällt ihm ein, was gewiefte Möbelverkäufer immer sagen, wenn sie möglichst viel verkaufen wollen und ihren Kunden andeuten müssen, dass es richtig teuer wird: »Sie brauchen ein Konzept.« Genau! Ein Konzept! Das klingt groß, das klingt teuer und vor allem: Es klingt unheimlich durchdacht. Also setzt er sich hin und erarbeitet mal ausnahmsweise kein *Rezept*, sondern ein *Konzept*. Wie war das noch mal? Der Wurm muss dem Fisch schmecken, nicht dem Angler. Alles, was diese Banktypen wollen, sind jede Menge Sicherheiten. Also kriegen sie jede Menge Sicherheiten.

Lichter listet penibel alles auf, was er hat: alte Sperrgutstühle? Teuer, weil: antik! Alte Tischdecken? Auch teuer, weil: mit Stickereien versehen! Altes Silberbesteck? Sowieso teuer! Alte Kronleuchter? Die alten Bilder? Unbezahlbar!

Als er die Zahlen zusammenrechnet, steht da plötzlich eine dermaßen unglaubliche Summe, dass er sie vorsichtshalber erst einmal halbiert. Ja, so wirkt das realistischer! Dann kramt er zwei alte Zeitungsartikel aus der Schublade: Nicht nur das »Pulheimer Stadtblatt«, sondern auch der »Erftkurier« haben über ihn berichtet. Dann besorgt er sich einen kleinen Fernseher mit Videorekorder, auf dem er den grandiosen Film zeigen kann, den der WDR über ihn gemacht hat. Mann, er ist ganz schön berühmt!

Und dann packt er den ganzen Kram, inklusive Rechenblatt mit Mondpreisen fürs Mobiliar, in seinen alten Seat Kastenwagen und fährt vor der örtlichen Filiale der Kreissparkasse vor: Termin bei Herrn Kniepen. »Natürlich haben die alle blöde geguckt, als ich da mit nem Fernseher unterm Arm in der Bank stand.« Herr Kniepen kommt gleich zur Sache.

»Was kann ich für Sie tun?«

»Haben Sie eine Steckdose?«

Dann beginnt im Hinterzimmer der Kreissparkasse die erste große Horst-Lichter-Show. Er muss sehr gut gewesen sein: Nach einer halben Stunde hat er den Kredit. Und Herr Kniepen? Der kommt heute zu *ihm*. Zum Essen.

Jetzt legt Lichter richtig los: baut selber Urinale ein, legt Fliesen, vergrößert seinen Schuppen mit einem Zirkuswagen aus der Eifel und hat mit einem Mal Platz für 50 Mann. Sein Laden ist jetzt ein richtiges Restaurant. Zum ersten Mal hat er mehr als eine Weinsorte im Angebot: »Welche Farbe wollen Sie denn? Weiß, rot oder rosé?« Zum ersten Mal schmeißt er seine berühmten Steaks auf den Ofen, so dick, so fett, dass manche Gäste daran scheitern: »Wer unter 400 Gramm will, soll Carpaccio bestellen!« Das Bindemittel, das ihn und seine Kundschaft zusammenhält, ist von nun an nicht mehr süß, sondern saftig: Fleisch statt Waffeln.

Wer unter 400 Gramm will, soll Carpaccio bestellen

Telefon. Er geht ran – und kriegt weiche Knie. Denn was ihn mit der Frau am anderen Ende verbindet, ist weit mehr als nur ein Kabel: Es ist ein ganz besonderer

Draht, auf dem sie beide, Seiltänzern gleich, hinüberbalanciert sind in ein neues Leben und sich gegenseitig Mut gemacht haben, wenn in einem von ihnen mal wieder diese Scheißangst emporgekrochen kam, die Angst, ins Bodenlose zu stürzen. Zwei Traumtänzer, die sich gegenseitig das Fliegen beigebracht haben, als alle anderen sie längst für Absturzopfer hielten. Es ist Maggie, und er freut sich, ihre Stimme zu hören: »Ich komme nach Deutschland!« Sie hat ihn vermisst. Und er sie. »Wann bist du da?« Noch ahnt er nicht, wie turbulent die nächsten Monate sein würden.

Sie zieht tatsächlich bei ihm ein, in seine »Dachwohnung« in der Scheune. Und sie zieht es mit ihm durch – ein halbes Jahr ohne Dusche, ohne Heizung. Einmal wird sie richtig krank. Da stellt ihm ein Freund einen Bauwagen vor den Laden, damit sie besser schlafen kann. Ein Bauwagen als Krankenstation – es gibt nicht viele Frauen, die das mitmachen würden.

»Natürlich hatten wir immer wieder Megatiefs«, sagt er. »Mal rannte sie weg. Dann gab's wieder hysterisches Geschrei. Und dann wieder guten Sex.« Von Zeit zu Zeit kommt in ihrer kleinen, zugigen Rumpelkammer unterm Dach tatsächlich so etwas wie Romantik auf. Wenn sie die Kerzen anmachen und sich gemütlich ins Bett kuscheln. »Die Zeit, die wir da verbracht haben, war sehr entbehrungsreich. Und gleichzeitig unheimlich schön. Wir hatten nichts außer uns. Und ein paar liebe Nachbarn, die für uns die Klamotten gewaschen haben. Gebügelt haben wir sie dann mitten im Laden.«

Eine Miles & More-Liebe

Die Beziehung bleibt chaotisch. Es hat als Miles & More-Liebe begonnen, es bleibt eine Miles & More-Liebe. Einer von beiden ist immer irgendwohin unterwegs. Mal sucht er sie in England, mal suchen sie sich gegenseitig, meistens suchen sie sich selbst. Und jetzt sucht sie gerade sich. Das Unheil naht in Form eines guten Kumpels. Lichter bemerkt, dass der sich auffallend gern von Maggie bedienen lässt. »Was läuft da?«, will er von ihr wissen. Sie flippt aus: »Nichts!« Und dann kommt der Moment, in dem er merkt, dass »nichts« nichts bedeutet. »Der Typ saß mit seiner Frau neben dem Ofen und fragte mich allen Ernstes, ob er Maggie als Dolmetscherin für seine Firma mit nach England nehmen dürfe. Von wegen der Sprache und so.« Seine *eigene* Frau will er ihm freundlicherweise da lassen: Die könnte doch währenddessen im Laden aushelfen, oder? Lichter ist geradezu überwältigt von so viel Selbstlosigkeit – und lässt sie fahren. Er weiß, dass er das Spiel längst verloren hat. Nach drei Tagen kommen die beiden wieder, und als er Maggie in den Arm nehmen will, sagt sie nur: »Wir müssen heute Abend reden.« Jetzt ahnt er zum ersten Mal, wie sich Christine damals gefühlt haben muss.

Sie flippt aus: »Nichts!«

Kurze Zeit später brennt sie dann endgültig mit dem Kumpel durch – um sich nur wenige Monate später wieder von ihm zu trennen. Und wieder ist Lichter Handlungsreisender in Sachen Miles & More-Liebe: »Jetzt hatte sie sich in einen Engländer verliebt und wollte zurück auf die Insel. Ich habe sie dann mit einem alten Ducato-Bus unter Seelenqualen zurück nach England zu ihrem neuen Typen gefahren. Ich hab gelitten wie ein Hund und in zwei Monaten 16 Kilo abgenommen. Aber eigentlich geschah es mir recht.« Würde er sie je wiedersehen? Er würde.

Fünf Monate sind seit Maggies Abreise vergangen. Und jetzt wagt er den großen Schritt! Kündigt in der Brikettfabrik, lässt Sicherheit Sicherheit sein und verschreibt sich mit Haut und Haaren einer unsicheren Zukunft als – ja, als was eigentlich? Er trägt noch immer keine Kochjacke, denn nach all den traumatischen Erlebnissen in Schnitzelabfüllanlagen und anderen zweifelhaften Einrichtungen hält er an seinem Entschluss fest: nie wieder Koch! Also steht er in der Gluthitze hinter seinem Kohleofen, mit Lederweste, Krawatte und Karohose – und kocht. »Ein halbes Jahr nach der Trennung von Maggie ging es mir richtig gut. Ich hatte ein paar Techtelmechtel, ich hatte ein paar neue Mopeds, ich hab Süppchen gemacht, Pfannkuchen gebacken und Riesensteaks gegrillt. Ich fühlte mich zum ersten Mal in meinem Leben wirklich frei.«

Und es kommt noch besser. Anfang Dezember sitzt sie plötzlich bei ihm im Laden: die schönste Spanierin, die er je gesehen hat! Dass er bisher nur in Holland, England und in der Eifel gewesen war, wo Spanierinnen eher selten sind – geschenkt. Alles an ihr ist feurig! Das Leuchten ihrer Augen, die vollen roten Lippen – sie hat noch mehr Glut im Blut als sein Kohleofen. Und sie hat einen wunderschönen Namen: Amparo. Hunderttausend Volt und noch mehr Ampero jagen durch seinen Körper, als sie ihn zum ersten Mal nennt – er ist elektrisiert! Amparo geht ihm nicht mehr aus dem Kopf. Am nächsten Morgen ruft er sie an und lädt sie ein, mit ihm über Weihnachten nach Marokko zu fliegen. Nach kurzer Bedenkzeit meldet sie sich zurück: »Ich habe nachgedacht und weiß jetzt, dass man darüber nicht nachdenken *darf* – ich komme mit!«

Es wird der sinnlichste Urlaub seines Lebens. »Wir schliefen im Doppelzimmer, hatten aber vorher verabredet, uns körperlich unter gar keinen Umständen näher zu kommen. Sie erzählte mir irgendwas von unserer schönen Freundschaft und so, und dass wir die ja nicht einfach durch wilden Beischlaf ruinieren könnten. Ich glaube, in Wahrheit sah ich einfach zu scheiße aus. Den ganzen Urlaub über lag eine unglaublich erotische Spannung in der Luft – Amparo war ja wunderschön! Sie lag neben mir und hatte kaum was an. Ich fragte mich die ganze Zeit, an welche Naturkatastrophen dieser Welt kannst du jetzt denken, damit du nicht

> **Ich fühlte mich zum ersten Mal in meinem Leben wirklich frei**

durchdrehst?« Sie fahren mit einem abenteuerlichen Motorrad durchs Atlasgebirge, landen einmal sogar in einem Orangenhain. Heiligabend liegen sie dann am Strand und aus einem uralten Kofferradio in einer Fischbude kommt gerade »Let it be«. Es ist einfach nur gut!

Zurück in Deutschland meldet sich das Reisebüro seines Vertrauens erneut: »Wir haben hier ein Schnäppchen: Eine Woche Las Vegas für zwei. Wollen Sie?« Natürlich will er. Im Laden sitzt gerade sein Kumpel Franz.
»Horst, buch dat Dingen, wir fliejen nach Las Vegas!«
»Aber wir spielen nicht, ne?«
»Nie im Leben!«
Am 16. Januar besteigen sie in Frankfurt die Maschine nach Nevada – es wird ein legendärer Tripp.
Weil Lichter eine Heidenflugangst hat, lässt er sich von Franz überreden, einen abenteuerlichen Cocktail zu sich zu nehmen: »Pass auf, Horst, wir trinken jetzt einen Kaffee mit Whiskey, dann einen Bailey's, und dann nehmen wir eine Schlaftablette und pennen durch bis Las Vegas.« Die explosive Mischung entfaltet alsbald ihre fatale Wirkung – vor allem bei Lichter:
»Ich dachte, das' abba schön ... – hicks!«
Und weil es so schön ist, bestellen sie bei der Stewardess gleich nach: Kaffee, Whiskey, Bailey's. Immer wieder.
Das' abba schön ...
Und dann fangen sie an, sich Geschichten zu erzählen, und bestellen wieder und erzählen weiter und bestellen noch mal und fliegen durch die Nacht, sehen den Mond über dem dunklen Atlantik, sehen die Sterne, und sternhagelvoll sind sie auch.
Das' abba schön ...

Plötzlich wird Franz unruhig.

Lichter erinnert sich: »Der schaute total besoffen aus dem Fenster. Dann sah er mich völlig entgeistert an.«

Ruf uns die Kellnerin, Horst!

»Horst, wo fliejen ma hin?«

»Nach Las Vegas, Franz.«

Er schaut wieder aus dem Fenster.

»Dann simma entführt worden, Horst – hicks.«

Das' abba nich' mehr schön ...

»Wieso, Franz?«

»Wo liegt Las Vegas, Horst?«

»In der Wüste, Franz.«

»Dann simma entführt worden.«

»Warum, Franz?«

»Liegt in der Wüste Schnee, Horst?«

»Nee, Franz.«

»Dann simma entführt worden. Da unten liegt Schnee! Ruf uns die Kellnerin, Horst!«

Die Stewardess, die die beiden Kölschen Don Promillos schon länger im Auge hat, ist schwer genervt.

»Was gibt's, meine Herren?«

Franz packt sie am Unterarm.

»Sie können ganz offen sprechen – hicks. Wer hat uns entführt und warum?«

»Machen Sie sich keine Sorgen! Wir sind nicht entführt worden.«

Darauf dreht sich Franz um und brüllt lauthals durch das ganze Flugzeug: »Dann hamma uns verflojen!!!«

Die vermeintliche Entführung entpuppt sich als Zwischenlandung in Chicago – bei 16 Grad minus. Jetzt haben sie neben dem Alkoholproblem noch ein weiteres:

Sie haben sich im Flieger schon umgezogen – für die vermeintliche Landung in der Wüste, und sehen abenteuerlich aus. Vor allem der blasse Lichter: »Ich hatte ganz weiße Beinchen. Die Haare standen kerzengerade nach vorne! Dazu diese unfassbar prolomäßigen Klamotten: Adiletten, Bermudashorts und Hawaiihemden.« Eine Stunde lang stehen sie in der kalten Halle, um die Einreiseformalitäten über sich ergehen zu lassen. Dann geht die Glastür auf, hinter der Hunderte Amerikaner auf ihre Lieben warten. Als die beiden Hawaiianer aus Rommerskirchen erscheinen, schreit einer: »Look, German guys!«

Als sie endlich in Las Vegas ankommen, verspielen sie in Rekordzeit ein kleines Vermögen. Sie schaffen es zwar nicht, die Bank zu sprengen – die Grenzen der Physik schon. Lichter erklärt es so: »Offiziell waren wir fünf Tage da. Nach der Zeit, die wir wach waren, neun Tage. Und nach dem finanziellen Aufwand anderthalb Jahre.« Trotzdem ist die Woche mit Kaffee, Bailey's und Whiskey ein voller Erfolg. *Das' abba schön ...*

Der Anruf kommt kurz nach der Rückkehr: Maggie! Sie vermisst ihn. Also fährt er wieder los – Meilen sammeln. »Ich bin wahnsinnigerweise wieder nach England gegurkt und hab sie dort mit Sack und Pack abgeholt.« Doch als sie zurück sind, merken sie schnell: Das wird nicht gut gehen. Das alte Leben in ihrer Rumpelkammer, zwischen Hintern abfrieren und romantischen Nächten im Kerzenschein, lässt sich nicht wiederholen. Sie ziehen um, in ein neues Haus, richten sich gemütlich ein. Aber egal, wie sehr sie sich auch anstrengen: Das Lebensgefühl von damals will sich nicht wieder einstellen.

Statt den Tatsachen ins Auge zu blicken, machen sie sie einfach zu. »Wir sollten uns verloben!«, überrascht er sie. »Dann wird's wieder wie früher.« Als sie merken, dass auch das nicht hilft, überrascht er sie ein zweites Mal. »Wir sollten heiraten! Dann wird's bestimmt wieder wie früher!« Sie heiraten tatsächlich, feiern bei Lutz Winter, seinem alten Lehrherrn.

Doch es wird nicht mehr wie früher. Es wird nur später. Und irgendwann ist es zu spät. »Maggie wurde immer seltsamer. Plötzlich fing sie an, sich von unseren Angestellten ›Chefin‹ nennen zu lassen.« Er ergreift die Flucht, arbeitet fast rund um die Uhr. Sie sitzt zu Hause und lässt sich

Es wird nicht mehr wie früher. Es wird nur später

immer seltener im Laden blicken. Der wirft mittlerweile ordentlich Gewinn ab, und Maggie sorgt dafür, dass das Geld unter die Leute kommt. Sie findet neben Horst jetzt auch Otto gut. Und Quelle und Neckermann und all die anderen, die gerne einspringen, wenn es darum geht, gelangweilten Gattinnen endlich das zu verkaufen, was sie noch nie brauchten. »Maggie war sehr unglücklich«, sagt er. »Maggie war katalogsüchtig«, sagt die Mutter. Beides stimmt. Und Lichter? Der ist irgendwann pleite. »Ich habe später in der Buchhaltung festgestellt, dass in zwei Jahren über hunderttausend Mark verschwunden sind.« Als er kurze Zeit später von einer Motorradtour nach Österreich zurückkehrt, findet er zu Hause einen Brief: Sie will sich trennen. Damit sind seine englischen Wochen beendet – für immer.
Dass er lange daran knabbert, liegt nicht nur daran, dass er eine schöne Frau verloren hat. »Horst Lichter hatte wenig Rückhalt in seiner engsten Umgebung«, sagt Doktor Schilke, seine Ärztin, die das Ende dieser leidenschaftlichen Beziehung miterlebt. »Maggie war anders. Sie hat bewundert, was er machte, und deshalb hing er unheimlich an ihr.«

Es wird ein mieser Sommer. Ihm geht's mies, dem Laden geht's mies, und sein Konto ist in den Miesen. Draußen ist es brütend heiß, fast 40 Grad, kaum einer verirrt sich in Lichters Oldiethek. Die Hitze liegt so bleiern über Rommerskirchen, als wär's Las Vegas. Und er ist sich nicht sicher, ob er und sein Laden noch Oase oder vielleicht schon Wüste sind: so viel Sand im Getriebe!

Es ist – mal wieder – eine Frau, die ihn wenig später aus seiner Sommerdepression befreit: Nada, eine schöne Kroatin mit sanften Augen und gütigem Lächeln. Sie ist nicht nur attraktiv. Zu Lichters großer Überraschung hat sie auch noch Ahnung von Buchhaltung! Die Frau *und* die Ahnung kommen gerade rechtzeitig. Denn Lichter interessiert sich nur dann für Zahlen, wenn dahinter »PS« steht, oder auch »Kubik«. »Horst hat Autos gewechselt wie Unterhosen«, erzählt sie. »Dabei waren wir total pleite!«
Sie durchschaut ihn schnell. Und durchschauen heißt in seinem Fall: wegsehen. Wenn er länger als zwei Stunden unterwegs ist, dann weiß sie, dass es wieder teurer wird. Dann kauft er gerade wieder neue Autos. Neuerdings versteckt er sie auf dem Hof, unter einer Plane. Natürlich hat Nada auch das längst durchschaut und spielt das Spiel mit:
»Hast du ein neues Auto?«
»Nö, das steht schon lange da.«
»Schönes Ding.«
»Ja, komisch, dass dir das noch nie aufgefallen ist.«
Nada weiß: Man darf einen wie ihn nicht unter Druck setzen – das macht er schon selbst, im Zweifel bis an den Rand des Zusammenbruchs. Sie spürt: Einer wie er braucht Freiheit in homöopathischen Dosen. Früher etwas mehr, jetzt etwas weniger. Der wilde Stier ist reif für den Streichelzoo und begibt sich als gebrechlicher Schwerenöter bei ihr in Pflege.

Erfolg
Oder: Wo, zum Teufel, ist Mick Jagger?

> **Die Managerin aus der Plattenfirma hat den Besuch lange vorher angekündigt: »Wir kommen gegen acht.«**

Und dabei hat sie so geheimnisvoll getan, dass er ahnt: Da kommt ein Berühmter! Aber welcher? Als um 21 Uhr noch immer keiner da ist, weiß er endgültig Bescheid. Denn: Berühmte sind nie pünktlich.

Eine halbe Stunde später fliegt die Tür auf. »Plötzlich kamen zwei Typen rein und sagten, sie würden jetzt das Gebäude checken. Ich sach, wat?! Ja, sie wollten hier die Ausgänge sichern. Ich sach, dann sichert mal schön. In Rommerskirchen machen wir das alle so!« Die beiden Gorillas tigern los – und müssen aufpassen, dass sie sich nicht verlaufen. Denn die Oldiethek sieht mittlerweile aus wie eine Mischung aus Museum, Trödelmarkt und Schrottplatz. Kein Teller passt zum anderen, kein Löffel ist wie der nächste, keine Gabel gibt es zweimal. Es ist das Prinzip Chaos. »Alles entstanden aus extremer Geldnot und dem Traum, den ich hatte.«

Die Gorillas kommen zurück. Alles klar? Alles klar. Reden ist nicht ihre ganz große Stärke. Dann fliegt die Tür ein zweites Mal auf: die Plattenmanagerin mit einem ganzen Tross von Leuten! Und er überlegt: Wer von denen ist denn jetzt berühmt?

Er macht sich an seinem Kohleofen zu schaffen und grübelt und grübelt. Er stochert heute nicht nur in der Kohle, sondern irgendwie auch im Nebel. Ob die Gorillas vielleicht was verraten? Beim Dessert fasst er sich ein Herz. »Ich sach zu dem: ›Wer ist denn da jetzt berühmt?‹ Er guckt mich an, als ob ich zu ihm Arschloch gesagt hätte, und fragt: ›Bitte, was???‹ Darauf ich wieder: ›Wer ist denn hier ne dicke Nummer?‹ Er sacht: ›Lichter, du lebst hier zwar etwas weiter weg von der Stadt, aber so weit ja nun auch wieder nicht.‹ Ich sach: ›Warum?‹ Er sacht: ›Alter! Dat is Mick Dschägger!‹ Und ich denke: Scheiße, ist der hässlich! Das war ein kleiner vertrockneter Kerl mit fünf Milliarden Falten.« Lichter überlegt: »Wenn der in der Brikettfabrik wäre, dann hätte der es ja schwer, einen Partner fürs Leben zu finden. Aber weil er berühmt ist, hüpfen die Mädels um ihn rum. Ja, können die denn nicht gucken? Sehen die nur Umrisse?«

Nur ein paar Monate später werden sich die Jungs von Toto in seiner Oldiethek die Kante geben. Und mit Ian Gillan von Deep Purple wird er nachts im Ferrari durch Rommerskirchen fahren. Keine Frage, Lichter ist auf dem Weg nach oben.

Lichter ist endgültig angekommen in der bunten Welt des Showgeschäfts

Jetzt ist er allerdings erst einmal auf dem Weg nach Köln. Er ist mittlerweile zu einer lokalen Größe herangewachsen, und deshalb haben sie ihn zum Olympiabotschafter von Düsseldorf gemacht. Nicht, weil er jetzt plötzlich sportlich geworden wäre, nein, sondern weil er wie ein Weltmeister quatschen kann. Er soll, zusammen mit anderen Persönlichkeiten aus der Region, die Bewerbung der Stadt für die Spiele 2012 voranbringen. Das bedeutet: Ochsentour durchs ganze Land. Heute steht er in einem Kaufhaus in Köln auf der Bühne und Hunderte Zuschauer warten schon ungeduldig darauf, dass es endlich losgeht. Gleich soll ein älterer Olympiasieger auftreten, Lichter hat die Aufgabe, den Mann zu interviewen und ebenfalls zum Botschafter für Düsseldorf zu machen. Doch der Herr Olympiasieger lässt sich Zeit. Er kommt und kommt einfach nicht, und allmählich wird die Sache peinlich – das Publikum pfeift schon.
Doch dann! »Plötzlich schoss einer um die Ecke, auf den die Beschreibung, die ich hatte, exakt passte.« Lichter holt ihn sofort auf die Bühne. »Ich dachte, der ist das, und habe ihn kurzerhand zum Olympiabotschafter ernannt.« Doch dann stellt der vermeintliche Olympiasieger auf einmal seltsame Fragen: »Was ist das hier eigentlich für eine Veranstaltung?« Darauf Lichter: »Entschuldigen Sie mal, Sie sind doch Olympiasieger, oder?« – »Nein, ich bin extrem unsportlich. Mein Name ist Roland Muri. Ich bin Künstler und komme aus der Schweiz.«

Nicht nur deshalb geht die Bewerbung schief. Lichter aber ist endgültig angekommen in der bunten Welt des Showgeschäfts, in der nicht immer alles so ist, wie es auf den ersten Blick scheint. Jetzt wird er auch ein medialer Schausteller – ein ganz besonders erfolgreicher.

Fernsehen
Oder: Die Kraft der Frikadelle

Jahre später, vor der Herrentoilette der Kerner-Show in Hamburg.

Sarah Wiener, die Köchin mit dem eigenen Kopf, und Christian Löwendorf, der Redaktionsleiter, streiten sich.

Er: »Lichter ist in erster Linie Koch. Aber er hat die Fähigkeit, noch etwas zu vermitteln, das tief in ihm steckt: Er ist ein großes Kind.«

Sie: »Nein, Horst ist vor allem ein Clown, und ich habe manchmal Angst um ihn, weil er es immer allen recht machen will und nicht Nein sagen kann. Er muss mehr auf sich aufpassen.«

Er: »Dem geht es jetzt erst richtig gut! Jetzt kann er endlich kochen *und* lustig sein. Horst ist sein eigenes Performance-Theater.«

Sie: »In der Öffentlichkeit zu stehen, bedeutet manchmal, sich gegen eine Tsunami-Welle zu stellen. Er spürt, dass die jederzeit kommen kann. Und wenn ich seine schlechte Haut sehe, dann weiß ich, wie sehr er unter Druck steht. Nur wer sich selber treu ist, kann auf Dauer bestehen.«

Tim Mälzer sieht das ähnlich: »Horst ist wie ein alter Indianerhäuptling – irgendwie weise. Ich denke manchmal, er sollte das mehr zeigen. Ich habe am Anfang meiner Karriere immer den lauten Proll gegeben, so lange, bis irgendwann jeder von mir Krawall erwartet hat. Heute bemühe ich mich darum, auch andere Facetten zuzulassen.«

Es ist tatsächlich Lichters großes Dilemma: Sollte er im Massenmedium Fernsehen wirklich allen zeigen, was er *noch* kann? Er hat sich doch so gut eingerichtet in seiner Ecke! Er ist doch der bunte Vogel unter all den Weißjacken! Deshalb ja auch dieser Schnäuzer! Deshalb diese Hosen! Markus Heidemanns, der Lichters Kochshow zusammen mit Johannes B. Kerner fürs ZDF entwickelt hat: »Als ich diese karierten Hosen zum ersten Mal gesehen habe, dachte ich: Entweder will der so scheiße aussehen, oder er ist Golfer.« Dann aber merken er und Kerner schnell, welches Talent sie da an Land gezogen haben. »Wir setzen ihn in der Sendung ganz bewusst als Entertainer ein«, sagt Kerner. »Ich frage ihn so, dass er auch seine Geschichten erzählen kann. Und ich bin oft überrascht, wie spontan Horst

Lichter ist. Manchmal merke ich während der Sendung, wie in ihm wieder ein Spruch gärt. Er guckt dann so und wartet nur auf den richtigen Moment – dann haut er ihn raus! Manchmal passiert es, dass den Witz keiner gehört hat. Dann macht er ihn einfach nochmal – und alle lachen. Horst Lichters Humor kommt gerne mit der zweiten Welle.«

Und dann erklärt er, warum Lichter viel mehr Fußballer als Golfer ist: »Wenn der sich mal verkocht, dann macht er noch drei Sprüche obendrauf – und dann denkst du, das waren drei Sterne«, sagt Kerner. »Bei Fußballern ist es manchmal

ähnlich: Es gibt Spieler, die verlieren Zwei zu Null. Auf dem Weg in die Kabine wird es schon ein Unentschieden. Und spätestens am Tresen haben sie das Ding gewonnen. Am nächsten Morgen wundern sie sich dann, warum sie nicht drei Punkte auf dem Konto haben.«

So ist es wohl auch bei Lichter: Er wundert sich im Wunderland, das Fernsehen heißt. »Der genießt das wie ein Kind«, glaubt Kerner. »Der stellt sich neben sich, schüttelt den Kopf und sagt, guck dir den Lichter an: jetzt auch noch bei ›Wetten, dass..?‹! Deshalb wird er auch nie zu denen gehören, die mit nem Stapel Autogrammkarten und vier Filzstiften das Haus verlassen. Der geht lieber mit ner Frikadelle in der Hand auf die Straße.«

Geht das tatsächlich? Vertrauen auf die heilende Kraft der Frikadelle, um im Showgeschäft nicht durchzudrehen? Gut möglich. Zumindest gibt sie ihm so etwas wie Stallgeruch: herzhaft, lecker, ein bisschen fettig vielleicht – Lichters Welt unterscheidet sich kaum von der seiner Zuschauer. Deshalb akzeptieren sie ihn als einen der ihren. Deshalb würden sie ihn am liebsten einmal kräftig drücken, wenn sie in seine Nähe kommen. Und er *lässt* sich drücken, *lässt* sich fotografieren, schreibt stundenlang Autogramme, egal, wie sehr sie ihm auf die Pelle rücken. Noch kommen sie ihm nicht *zu* nahe, noch ist es gut zu ertragen. Und noch ist es nicht wie bei Tim Mälzer in Hamburg, der irgendwann nur noch in einen ganz bestimmten Supermarkt ging, in der Hoffnung, dass sich die Leute an seine Anwesenheit gewöhnen und ihn in Ruhe einkaufen lassen würden.

Lichter könnte das nie passieren. Er lebt von Nähe, er braucht das. Deshalb hat er den Kochberuf auch aufgegeben, damals, in seinem ersten Leben. Sie hatten ihn in irgendeine dunkle Küche verbannt, wo er höchstens mit ein paar Töpfen sprechen konnte. Er braucht persönlichen Kontakt, so persönlich, dass die Menschen ihn nicht nur spontan duzen, sondern im Zweifel auch mal anfassen. Er ist ihre Spaßfabrik, ihre ganz persönliche Angenehme-Unterhaltungs-GmbH. Dafür lieben sie ihn. Deshalb bringen sie ihm selbst gebastelte Sterne mit ins Studio, damit er neben dem Sternekoch Johann Lafer glänzen kann. »Horst zelebriert Normalität auf höchstem Niveau – das ist sein Geheimnis«, sagt sein Freund Lafer. Dass auch ihm diese Normalität guttut, kann jeder Zuschauer sehen: Er, der große Meisterkoch, lacht neuerdings auffallend viel, wenn er mit Lichter im Fernsehen kocht. »Mir hat man früher immer vorgeworfen, ich sei viel zu akribisch, viel zu steif. Seitdem ich Horst kenne, weiß ich, was damit gemeint war. Er hat mich auf gewisse Art und Weise wiederbelebt.« Was für eine Fügung! Lichter, der mehrfach Wiederbelebte, wirkt heute belebend auf andere.

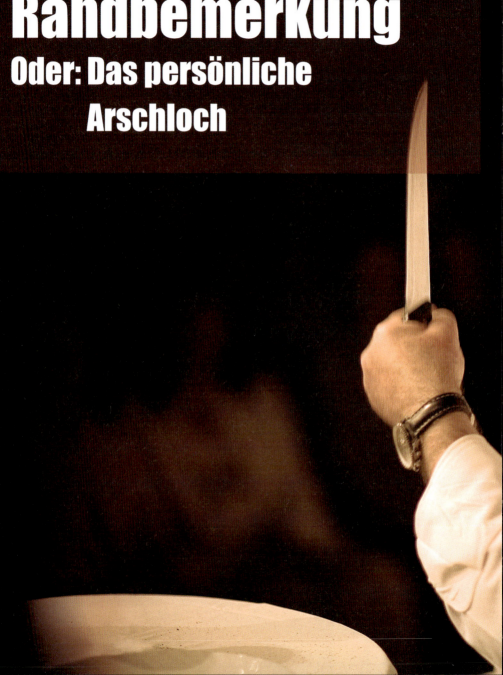

Randbemerkung
Oder: Das persönliche Arschloch

> »Jeder Mensch hat irgendjemanden, der ihm ständig querkommt.«

Der Satz fällt immer, wenn Lichter im Theater auf der Bühne steht – meistens ganz zum Schluss. Dann, wenn er unzählige Pointen schon verbraten und Massen von Sahne längst zu Gurkensuppe verarbeitet hat. Dann, wenn sie da unten auf ihren Stühlen alle schon ein bisschen müde geworden sind und sich nicht mehr wehren können. Er nutzt diesen Moment, um ihnen klarzumachen, wie viel Lichter in jedem von ihnen steckt. »Ihr habt das alle schon erlebt«, fängt er dann an. »Plötzlich geht die Tür auf – und dann steht er da! Er muss gar nichts sagen. Es reicht, wenn du ihm ins Gesicht schaust. Und dieses Gesicht sagt dir: ›Hallo, ich bin heute dein persönliches Arschloch! Du kannst tun, was du willst – es wird mir nicht gefallen.‹ Früher habe ich mich über solche Typen unglaublich aufgeregt, ich habe Magenschmerzen bekommen und mich tausendmal entschuldigt, wenn sie mit etwas unzufrieden waren.«

Das hat er so lange gemacht, bis ihm eines Tages der Kragen platzte. »Wer zu mir kommt, weiß, wie ich arbeite. Weil ich auf meinem alten Kohleofen alles allein

mache, dauert es bis zum Hauptgang manchmal zwei Stunden. Ich nehme mir Zeit für die Gäste, wir haben Spaß, ich erzähle Geschichten, ich zeige ihnen den Laden – da sind zwei Stunden schnell um.« Einem Gast schmeckte diese Prozedur überhaupt nicht. Er warf Lichter vor, der Laden sei zu voll, und beschimpfte ihn: »Sie sind ein geldgeiler Idiot!« Er wurde der Erste, den Lichter rausschmiss.

Lässt sich daraus lernen? »Ja«, sagt Lichter, »die Geschichte hat mir gezeigt: Genieße dein persönliches Arschloch. Wenn es reinkommt, erkennst du es. Sieh es an und sage: ›Hallo, mein Arschloch, schön, dass du kommst. Und schon so früh heute …‹ Sei ganz besonders freundlich zu ihm. Denn wenn es merkt, dass du dich ärgerst, dann hat es vielleicht Spaß daran. Tu ihm diesen Gefallen nicht. Genieße dein tägliches Arschloch.«

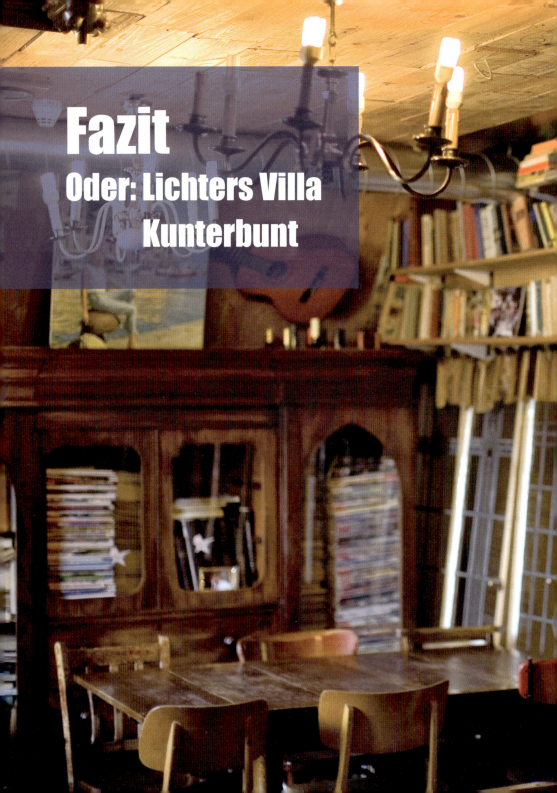

Fazit
Oder: Lichters Villa Kunterbunt

Zweimal war Horst Lichter am Rande des Todes: mit nur 26 Jahren das erste Mal, mit 28 Jahren das zweite Mal.

Seitdem war er nie wieder bei einem Arzt, um sich gründlich untersuchen zu lassen. Er trinkt zwar kaum Alkohol, trotzdem lebt er nicht, wie einer mit seiner Vergangenheit leben müsste: arbeitet enorm viel, treibt keinen Sport, raucht eine Packung Zigaretten am Tag und isst zu viel Süßkram. Manchmal haut er sich morgens um eins, kurz vor dem Schlafengehen, zwei Tafeln Schokolade rein – Nougat und Marzipan. Und am allerliebsten gönnt er sich einen herrlichen, großen Block Schichtnougat: »Wie der schon riecht, wenn du den nur aufmachst – genial!« Trotzdem sagt Dr. Schilke, die ihm damals das Leben gerettet hat: »Ich kann nicht garantieren, dass Horst Lichter uralt wird, aber einen kranken Eindruck macht er heute auf mich nicht mehr.« Wie ist das möglich? Bei seiner Krankenakte?

Die Antwort muss wohl lauten: weil er den Mut hatte, ein Leben so zu verändern, dass daraus *sein* Leben wurde. Und weil er sein zweites Leben liebt. Weil es ihm nicht stinkt wie sein erstes. Wie hat es sein Freund Alfons Schuhbeck ausgedrückt? »Der hat einen guten geistigen Geruch.« Wo andere ein Leben lang singen:

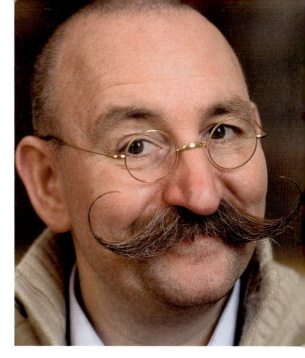

»Ich war noch niemals in New York«, fährt er einfach hin. Lichter sagt: »Ich genieße meinen Erfolg. Ich bin stolz darauf, dass ich eine schöne Frau habe, die mich zu einer Zeit lieben gelernt hat, als es mir richtig dreckig ging. Und ich bin stolz darauf, dass mein Laden läuft.« Ist er auch glücklich? »Ja. Und ich würde an meinem Leben nichts mehr verändern wollen.«

Das kann jeder spüren, der in seine Nähe kommt: Lichter *kommt* nicht nur nahe, er *geht* nahe. Vor allem denen aus der Fernsehglitzerwelt: Ist ihnen schon länger nicht passiert, dass einer kommt und sich ums Verrecken nicht verbiegen will. »Ich habe den tief in meinem Herzen«, sagt Johannes B. Kerner, »und ich freu mich mit ihm, dass er so einen Erfolg hat.« Er meint das aufrichtig – und dabei ist das eigentliche Kompliment die Aufrichtigkeit. Im Showgeschäft, wo falsche Haare, falsche Wimpern und falsche Freunde meistens Hand in Hand gehen, leisten sich die Hauptdarsteller sonst lieber keine echten Gefühle: Es könnte ihnen als Schwäche ausgelegt werden. Stattdessen nehmen sie lieber in Kauf, dass in ihrer Welt am Ende alles klebt: Haare *und* Liebe.

Muss man durch solche Krisen gehen wie Lichter, um den Mut zu einem so radikalen Schnitt aufzubringen? Muss man sich gar grundlegend ändern? »Nein«, glaubt Lutz Winter, sein alter Lehrherr, der, der früher mit Tellern geworfen hat und heute Nietzsche liest. »Das eigentlich Erstaunliche daran ist: So wild, so chaotisch das aussieht, was er sich aufgebaut hat – es ist grundsolide. Mit einer innigen Beziehung zu seinen Kindern, vor allem zu seinem Sohn Christopher, mit einer langjährigen, glücklichen Partnerschaft, mit Karriere und mit einem Restaurant, das unendlich viel Fleiß und Disziplin erfordert. Es ist ein durch und durch konservatives Familienkonstrukt, das er sich geschaffen hat – nur bunt angemalt. Er hat endlich das, was er eigentlich schon mit 20 haben wollte, und deshalb ist er jetzt so grundzufrieden.«

Lichter, ein Spießer wie du und ich? Ja. Nur einer mit etwas mehr Herz. Und mit etwas mehr Schnäuzer.

»Nicht nur Hans, der Koch aus dem Kloster, mochte sie. Auch Johann Lafer schmeckt sie.

Die Zutaten für vier Personen sind: Eine schöne Schlangengurke – sprich: Salatgurke –, eine kleine Zwiebel, eine gute Messerspitze Butter, ein Tropfen Öl, $1/4$ l Gemüsebrühe, $1/2$ l Sahne, ein Bund frischer Dill, Salz, Pfeffer, Zucker, ein Esslöffel Tomatenmark und ein guter Esslöffel süßer Senf.

Die Zwiebeln fein hacken und zusammen mit der Butter und dem Tropfen Öl in einem Topf glasieren (mit dem Tropfen Öl lässt sich die Butter heißer machen!). Gurke schälen, entkernen und fein schneiden – ab in den Topf! Tomatenmark und Senf dazu. Das Tomatenmark gibt der Suppe eine gesunde Farbe, sie würde sonst so blass aussehen wie meine Beine in Chicago … Das Ganze ein bisschen angehen lassen, damit das Tomatenmark den Geschmack verliert. Gemüsebrühe dazu, kurz köcheln lassen. Sahne dazu, frischen Dill – fein geschnitten – dazu! Würzen mit Salz, Pfeffer, Zucker und schööön aufkochen lassen … Vor dem Servieren mit einem Mixstab kurz aufschäumen – essen! Um die Suppe so richtig lecker zu machen, durchwachsenen Speck in Scheiben schneiden und im Backofen ausbacken, damit er schön knusprig wird. Auf die Suppe drauflegen – lecker! Dieses Süppchen – von einem Mann für eine Frau gekocht – ist ein Verführersüppchen, sozusagen die Suppe davor. Die Suppe danach? Siehe Hühnersuppe …«

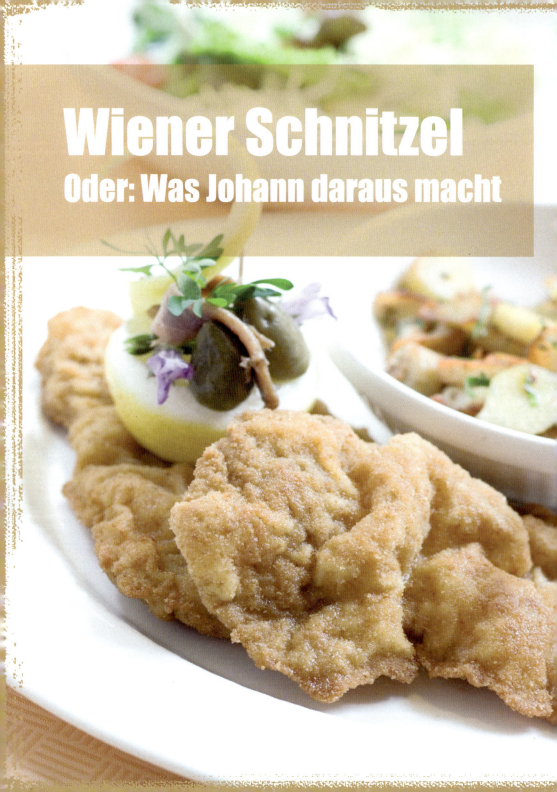

Wiener Schnitzel
Oder: Was Johann daraus macht

»Das weltbeste Wiener Schnitzel macht Johann Lafer – siehe Foto. Und wenn ich ihn besuche, dann bestelle ich es immer!

Er besorgt sich ein herrliches Stück Kalbfleisch (von einem Rind, das er persönlich gekannt und mit seinen zarten Händen weichmassiert hat!) und klopft es schööön platt. Dann schlägt er ein Ei auf (das er am liebsten selbst gelegt hätte!), würzt es mit Salz, Pfeffer und Rosenpaprika und mischt etwas geschlagene Sahne darunter. Jetzt wendet er das Fleisch kurz in Mehl (aus steirischem Weizen, bei dem er sich persönlich dafür entschuldigt hat, dass er ihn mahlen ließ!), klopft das Mehl ab und zieht das Fleisch durch die Ei-Sahne-Mischung.

Dann legt er es zuerst von der einen, dann von der anderen Seite in Paniermehl und backt es in Öl goldgelb. Das Schnitzel muss im Öl schwimmen! (Erklärung für Wissenshungrige: Sonst kühlt das Fett zu stark ab und dringt in die Panierung ein – das Schnitzel wird fettig.)

Gelungen ist es dann, wenn sich die Panierung wellig vom Fleisch abhebt und das Fleisch saftig darin liegt. Leck' mich de Söck, dat kannste essen!«

Hühnersuppe
Oder: Viagra mit Federn

»Dieses Süppchen bringt wieder Leben in die Bude!
Die wichtigste Zutat: ein ganzes Suppenhuhn – kein Hähnchen!
Der Unterschied: Während das Hähnchen schon nach fünf, sechs Wochen geschlachtet wird, schafft es das Suppenhuhn, vor seinem Ende noch schnell ein paar Eier zu legen.

Das ganze Huhn muss in einen großen Pott mit kaltem Wasser. Und mit ihm zwei Stangen Porree, eine halbe Sellerieknolle und ein Bund Möhren, klein gewürfelt. Dann in einer Pfanne eine halbierte Zwiebel auf der Schnittseite verkohlen lassen. Das Ding muss so richtig schwarz werden! Rein in den Topf und das Ganze drei, vier Stunden köcheln lassen. Zu Beginn sammelt sich an der Oberfläche grauer Schaum: das gelöste Fett. Einfach abschöpfen! Gemüse rausholen, in kleine Würfel schneiden, Suppenhuhn rausholen, Fleisch abzupfen – alles wieder rein! Dann etwas Reis in den Topf, Salz und Pfeffer – fertig! Wenn ich ein Haus betrete, in dem gerade Hühnersuppe gekocht wird, dann kriege ich spontan Hunger. Hühnersuppe ist pure Medizin!«

Falscher Hase
Oder: Doch nicht alles Kaninchen

»Mama hat ihn schon gemacht, als ich noch ein kleiner Junge war. Doch – im Gegensatz zu den meisten anderen Gerichten – war ihr gefüllter Hackbraten mit Kartoffelkruste kein getarntes Kaninchen, sondern 750 Gramm feinstes Hackfleisch. Das klingt nach einem Festessen für Kannibalen, war aber in Wahrheit zumindest teilvegetarisch! Denn in das Hackfleisch hat sie außerdem zwei Brötchen (vom Vortag) reingepackt, die sie zuerst in Wasser eingeweicht und dann ordentlich ausgedrückt hatte. Dann hat sie die Masse aus Brot und Hackfleisch mit zwei Eiern, einem Esslöffel Senf, einer Zwiebel (in Würfel gehackt), einem Bund fein gehackter Petersilie, Salz und Pfeffer verfeinert.

Die ursprüngliche Käsefüllung habe ich ersetzt und ihr eine italienische Note gegeben: Rommerskirchen goes Rimini! Dazu habe ich 300 Gramm Büffelmozzarella (in grobe Würfel geschnitten) und einen Zucchino benutzt (vorher in Streifen geschnitten und in Olivenöl angebraten).

Jetzt die Kür! Backofen auf 200 Grad vorheizen, Backblech mit Backpapier auslegen, Fleischmasse halbieren. Eine Hälfte auf das Backblech legen und zu einem flachen Fladen formen. Dann Zucchinistreifen und Mozzarella drauf, die restliche Fleischmasse darübergeben und das Ganze zu einem Laib formen.

Wem der Hackbraten an dieser Stelle zu viel Rimini und zu wenig Rommerskirchen hat, dem sei gesagt: Das lässt sich ändern! Und zwar mit einer leckeren Kartoffelkruste: 400 Gramm gekochte Kartoffeln schälen, waschen, auf der Gemüsereibe grob raspeln, würzen. Dann die Kartoffelraspel auf dem Hackbraten verteilen und im Backofen etwa 30 Minuten braten – herrlich!«

Verlagsgruppe Random House FSC-DEU-0100
Das für dieses Buch verwendete FSC-zertifizierte Papier *Opus Praximatt*
von Condat liefert Deutsche Papier, Augsburg.

1. Auflage
Taschenbuchausgabe April 2009
Wilhelm Goldmann Verlag, München,
in der Verlagsgruppe Random House GmbH
Copyright © der Originalausgabe 2007 by Gütersloher Verlagshaus, Gütersloh,
in der Verlagsgruppe Random House GmbH, München
Umschlaggestaltung: Design Team München, in Anlehnung
an die Originalausgabe Umschlagabbildung: Markus Lanz
Fotos im Innenteil: © Markus Lanz; S. 30, 36, 37: Privatarchiv Horst Lichter
KF · Herstellung: Str./MK
Druck und Bindung: Těšínská tiskárna, a. s., Český Těšín
Printed in Czech Republic
ISBN: 978-3-442-15547-7

www.goldmann-verlag.de